汽车底盘常见项目检查与维护

（书证融通版）

主　编　祁长伟

副主编　金　涛　严示强

参　编　阙广武　章国火　李进园　何灵飞
　　　　张海波　方　晖　李焱刚　林佳俊

机械工业出版社

本书以高素质技能型人才培养为目标，以 1+X 证书项目为依据，融合中高职一体化改革发展思路，按任务引领式教学编排课程内容。主要内容包括车轮检查与维护、悬架检查与维护、悬架系统部件更换、下摆臂检查与更换、四轮定位检查与调整、电控转向系统检查与维护、动力转向系统部件更换、半轴检查与更换、自动变速器油液更换、盘式制动器检查与维护，以及制动油液的检查与更换，共 11 个任务。每个任务都采用活页形式，分为"知识活页""工单活页"和"评价活页"三种类型。任务的设计以企业真实典型工作任务为载体，兼顾汽车底盘基本知识、技能以及底盘领域新知识、新技术、新工艺，采用图解式操作展示，工作手册式操作流程、操作要求和职业规范，图文并茂，并配套完整的任务操作视频，力求符合中高职一体化人才培养标准中对中职学生的知识、技能定位。

本书可作为中等职业学校汽车运用与维修、新能源汽车运用与维修等专业核心课程教材、1+X 课证融通教材，也可作为汽车运用与维修人员的实用参考书。

为方便教学，本书配有电子课件，凡选用本书作为授课教材的教师均可登录 www.cmpedu.com 以教师身份注册下载。

图书在版编目（CIP）数据

汽车底盘常见项目检查与维护：书证融通版 / 祁长伟主编.
—北京：机械工业出版社，2022.7
ISBN 978-7-111-70578-9

Ⅰ.①汽… Ⅱ.①祁… Ⅲ.①汽车–底盘–检测②汽车–底盘–车辆修理　Ⅳ.①U472.41

中国版本图书馆CIP数据核字（2022）第063604号

机械工业出版社（北京市百万庄大街22号　邮政编码100037）
策划编辑：曹新宇　　　　　责任编辑：曹新宇
责任校对：张晓蓉　张　薇　封面设计：张　静
责任印制：常天培
北京宝隆世纪印刷有限公司印刷
2022年7月第1版第1次印刷
210mm×285mm·9.75印张·175千字
标准书号：ISBN 978-7-111-70578-9
定价：49.80元

电话服务　　　　　　　　　网络服务
客服电话：010-88361066　　机　工　官　网：www.cmpbook.com
　　　　　010-88379833　　机　工　官　博：weibo.com/cmp1952
　　　　　010-68326294　　金　书　网：www.golden-book.com
封底无防伪标均为盗版　　　机工教育服务网：www.cmpedu.com

前言

"汽车底盘常见项目检查与维护"课程是汽车运用与维修专业、新能源汽车运用与维修专业的核心课程，包含了汽车底盘的基础理论知识和岗位核心技能，对提升学生核心素养、促进学生职业发展起着重要的作用。本书紧密对接汽车运用与维修职业技能等级标准，落实"岗课赛证融通"，根据本专业人才培养方案和课程标准，通过企业调研整合岗位典型工作任务及技术要求，对接汽车维修技能大赛项目及标准，融通汽车运用与维修职业技能等级证书考核内容及评价体系，将课程整合为四个项目，共11个任务。同时，编写组以全国职业院校技能大赛中职组汽车机电维修赛项车型别克威朗轿车为载体，以主机厂技术手册为依据，形成了与实车教学相配套的活页式、工作手册式教材。本书主要具有以下特色：

1. 对接职业技能等级标准，课证融通

本书内容对接职业技能等级考试，采用全过程评价体系，注重学生职业能力的培养，满足等级证书考核需求。在内容上引入企业真实维修案例，融入行业、企业的新知识、新技术、新工艺，并对同类技能进行了适度整合，不过度强调学科体系的完整性，更强调和突出与企业真实工作任务的对接，精准落实岗课对接。

2. 创新教材形式，满足课改需求

本书采用独立活页形式，分为"知识活页""工单活页"和"评价活页"三种类型，不同活页满足学生不同维度的知识、技能学习需求。其中"知识活页"主要包括"任务情景""信息搜集"和"新知拓展"三块内容，根据汽修岗位工作能力的要求设置对应的学习模块，在知识内容上以知识够用为主，兼顾职教高考知识体系，满足中职学生培养方面的基本需求；"工单活页"整合等级证书考核内容，融合企业标准化指导手册，通过精准化把控操作时长、操作规范及潜在失效模式等，帮助学生提高作业效率，形成安全、规范的职业素养；"评价活页"包括"情意面""技能面""信息面""工具及设备使用面"和"诊断面"

等多个维度的综合评价体系,其中对"技能面"的作业标准和关键步骤做了进一步融合,更强调课证融通的效果和可操作性。应该说,本书兼具了活页式和工作手册式教材的双重特点。

3. 融入课程思政,落实立德树人

系统设计课程思政,开发"中国产品、中国技术、中国工匠"三重思政知识,通过情境创设、案例分析、教师引领等途径,多方面、多形式融入课程思政元素,全面培养学生的爱国精神,树立民族自强和职业自信。特别是在"知识活页"和"工单活页"中大量介绍中国汽车行业发展现状、相关自主品牌产品、行业企业新技术、国家行业法规标准、职业核心素养需求等,做到润物细无声,逐步渗透,思政育人。

4. 配套教学资源,支撑教法创新

为助力教法改革和课堂创新,提高教学效率,锤炼学生核心素养,本书配套开发所有项目的标准操作视频,通过手机扫二维码即可观看相关内容,并可以登录数字资源平台(http://115.238.47.235:8191/login/login.aspx)获取汽车底盘更多项目的操作视频,开展虚拟仿真操作练习。同时,我们还开发了"移动智训助手APP",配合数字化评价量表,实现评价过程数字化、精准化,客观、真实反映操作人员的实际知识、技能掌握情况。

在编写本书过程中,我们引用了大量汽车原厂维修手册及文献资料,在此,谨向所有原作者表示衷心的感谢!

由于编者水平有限,书中难免有错误或不足之处,恳请读者提出宝贵的建议和意见,以求不断改进和完善。

5. 本书页码使用方法

本书为活页式教材,为确保每个任务、每个活页中的每一页都有兼顾独立性和连贯性的编号页码,既方便于内容的查找,又可以在不影响整体页码的情况下对活页内容进行添加或替换,实现真正意义上的活页式教材,本书除了在页脚处设置连续页码外,还在每页页眉处设置活页页码。活页页码由三部分组成,即任务编号、活页编号、页码编号。第一部分为任务编号,任务一编号即为01,任务二为02,以此类推;第二部分为活页编号,所有任务的知识活页编号为01,工单活页编号为02,评价活页编号为03;第三部分为单个活页中的页码编号。例如:任务三(任务编号03)中知识活页(活页编号01)的第二页(页码编号02),整合后活页页码即为03-01-02。

编　者

二维码索引

名称	图形	页码	名称	图形	页码
任务一：车轮检查与维护		7	任务八：半轴检查与更换（上）		99
任务二：悬架检查与维护		19	任务八：半轴检查与更换（下）		99
任务三：悬架系统部件更换		31	任务九：自动变速器油液更换（上）		115
任务四：下摆臂检查与更换		43	任务九：自动变速器油液更换（下）		115
任务五：四轮定位检查与调整（上）		53	任务十：盘式制动器检查与维护（上）		129
任务五：四轮定位检查与调整（下）		53	任务十：盘式制动器检查与维护（下）		129
任务六：电控转向系统检查与维护		69	任务十一：制动油液检查与更换		141
任务七：动力转向系统部件更换		85			

目录

前言

二维码索引

项目一　行驶系统部件检查与维护　/ 1

　　任务一　车轮检查与维护　/ 1
　　任务二　悬架检查与维护　/ 13
　　任务三　悬架系统部件更换　/ 27
　　任务四　下摆臂检查与更换　/ 37
　　任务五　四轮定位检查与调整　/ 49

项目二　转向系统部件检查与维护　/ 65

　　任务六　电控转向系统检查与维护　/ 65
　　任务七　动力转向系统部件更换　/ 79

项目三　传动系统部件检查与维护　/ 93

　　任务八　半轴检查与更换　/ 93
　　任务九　自动变速器油液更换　/ 109

项目四　制动系统部件检查与维护　/ 125

　　任务十　盘式制动器检查与维护　/ 125
　　任务十一　制动油液检查与更换　/ 135

参考文献　/ 147

项目一

行驶系统部件检查与维护

任务一　车轮检查与维护

 任务情境

车主描述

别克威朗 2015 款 15S 自动进取型轿车，车辆购置时间为 2015 年 8 月，行驶里程 45000km。一天汽车正常行驶时突然出现仪表警告灯报警，靠边停车后，通过查阅随车用户手册，发现是胎压报警灯，查看四个车轮并未发现有明显凹瘪的情况，因担心用车安全，遂将车开到 4S 店，请 4S 店帮助仔细检查一下，恢复车辆技术状况。

任务描述

根据车主提供的信息，基本可以判断问题出在车辆轮胎上，可能是某个车轮气压偏低，因此，需要检查轮胎有无扎钉子等破损情况、轮毂安装处有无漏气、气嘴有无漏气等现象，并对上述可能的故障原因进行必要的检测作业。

学习任务

序号	任务名称	任务类型
1	轮胎、轮毂的外观检查	检查
2	轮胎胎压和胎纹深度的测量	测量
3	车轮的拆装换位	拆装、维护

知识活页 01-01-02　汽车底盘常见项目检查与维护

学习目标

1. 会正确查看轮胎型号及生产日期。
2. 能正确调整胎压到标准值。
3. 能准确测量胎纹深度。
4. 会判断轮胎磨损情况。
5. 能根据实际情况进行车轮拆装并换位。
6. 能够正确认识轮胎检查维护对安全驾驶的重要意义，体现严谨、负责、遵规、守法的职业精神。

信息搜集

理论必知

1. 车轮的功能与组成

车轮的功能包括：支承车辆的全部重量，承受汽车的负荷，并传递其他方向的力和力矩；传送牵引和制动的扭力，保证车轮和路面之间有良好的附着性，以提高汽车的动力性、制动性和通过性；与汽车悬架共同缓和汽车行驶时所受到的冲击，并衰减由此而产生的振动；防止汽车零部件受到剧烈振动和早期损坏，适应车辆的高速性能并降低行驶时的噪声，保证行驶的安全性、操纵稳定性、舒适性和节能经济性。

车轮通常由轮辋和轮辐两个主要部件组成，轮辋是在车轮上安装和支承轮胎的部件，轮辐是在车轮上介于车轴和轮辋之间的支承部件。车轮除上述部件外，有时还包含轮毂。

2. 轮胎的结构与类型

汽车轮胎按结构组成不同，可分为有内胎轮胎和无内胎轮胎两种。目前普通家用汽车普遍采用无内胎轮胎，也称为真空轮胎。真空轮胎一般由胎体、缓冲层（或称带束层）、胎面和胎圈组成。其中胎面包括胎冠、胎肩和胎侧三部分，是轮胎承受冲击和磨损的主要部位。胎体由多个帘布层组成，起到承受载荷、保持轮胎外缘尺寸和形状的作用。缓冲层位于胎面与帘布层之间，质软而弹性大，作用是加强胎面和帘布层的结合，减小路面对轮胎的冲击和振动。胎圈是帘布层的根基，一般由钢丝圈、帘布层包边和胎圈包布组成。轮胎的结构如图1-1所示。

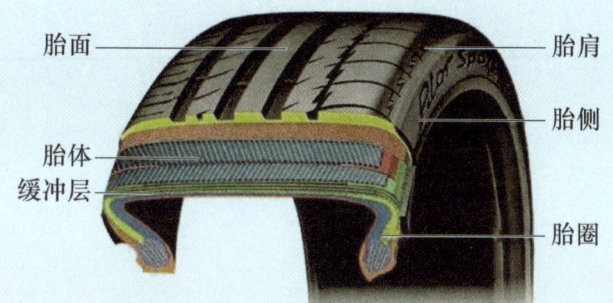

图1-1 轮胎的结构

汽车轮胎类型较多,常见的分类方法是按轮胎结构分类,可分为普通斜交轮胎和子午线轮胎,如图1-2所示。

(1)普通斜交轮胎 帘布层和缓冲层各相邻层帘线交叉,且与胎面中心线呈小于90°角排列的充气轮胎称为普通斜交轮胎,帘布层通常由成双数的多层帘布用橡胶贴合而成。帘布的帘线与轮胎子午断面的交角一般为52°~54°,相邻层帘线相交排

普通斜交轮胎　　　子午线轮胎
图1-2 轮胎的类型

列,缓冲层由两层帘线交叉排列。普通斜交轮胎的优点是噪声小、外胎面柔软、在低速行驶时乘坐舒适感好、价格便宜。

(2)子午线轮胎 帘布层帘线排列方向与轮胎子午断面一致(即与胎面中心线成90°角)的充气轮胎称为子午线轮胎。帘线这样排列能使其强度被充分利用,故它的帘布层数比普通轮胎减少一半,且没有偶数限制,因而胎体较柔软,而缓冲层层数较多,提高了胎面的刚度和强度。

由于子午线轮胎具有上述特性,与普通斜交轮胎相比,弹性大、耐磨性好、滚动阻力小、附着性能强、缓冲性能好、承载能力大、不易穿刺,具有更多的优越性。其缺点是外胎面刚性大、不容易吸收路面凹凸及接缝产生的冲击(主要是低速时)。

3. 轮胎的使用与更换注意事项

(1)轮胎的使用

1)严格遵守轮胎充气标准。轮胎气压过高,在行驶中会发生跳动,前轮摆动,使转向盘抖动,不能高速行驶;轮胎气压不足,将使胎侧弯曲变形过大,加剧帘布层之间摩擦,使轮胎过度发热,从而使橡胶耐磨性、帘布层强度降低,轮胎使用寿命缩短。因此,要经常对轮胎气压进行检查,及时调整,同时要保护好气门嘴、气门芯。

2)控制轮胎温度。汽车行驶时,轮胎因变形摩擦而发热,胎内温度升高,

若超过100℃，则胎体强度会大大降低，易引起脱层、爆破等损坏。因此，在使用中，应尽量避免高速行驶，或在轮胎选配时应选取与车辆最高时速相符的速度级别。另外，频繁的制动、急转弯、猛加速等不正确的驾驶方式也会缩短轮胎的使用寿命。

（2）轮胎更换注意事项

1）不能装用与原车型号不匹配的轮胎，否则难以保证汽车的路面附着性和行驶的安全性。

2）为了使轮胎磨损尽可能达到均衡，应适时对汽车上的所有轮胎进行轮胎换位。

3）新轮胎花纹上有宽12mm、厚6mm的磨损指示条，如指示条已磨去，应立即更换轮胎。

4）拆卸轮胎时，应使用千斤顶，在指定位置上将车身顶起。

5）轮胎与轮辋必须配套使用，不允许对轮辋进行敲击或使用撬棒，要用轮胎拆装机进行拆装。

6）经修理过的或新的轮胎必须经过动平衡试验后方可使用。

1. 防爆轮胎

防爆轮胎学名叫"缺气保用轮胎"，英文缩写RSC。在轮胎亏气甚至零胎压的情况下，依然能够依靠其坚硬的轮胎胎壁支撑车辆正常行驶相当长的距离。

一般轮胎在失去轮胎压力的时候，轮胎眨眼间就能像烂泥一样脱离轮毂，仅靠轮毂来与地面接触。而防爆轮胎与一般轮胎最大的不同就是在于它拥有非常有韧性和支撑性的胎壁。这样的设计可以在轮胎发生爆胎或者突然泄气的情况下，保证轮胎与轮毂还可以结合起来并给予车辆一定的支撑，从而保证车辆的安全，但需要注意的是防爆轮胎当高速上遭遇锐利硬物划伤时也一样会发生爆胎。防爆轮胎和传统轮胎对比如图1-3所示。

防爆轮胎特点如下：

（1）胎壁更厚　防爆轮胎胎壁要比普通轮胎胎壁"强壮"得多，无论是厚度还是硬度都不是一个量级的，防爆轮胎的胎壁中布满了坚硬的帘布层，以此来保证当车轮亏气后仍然有足够的支撑力顶住车身正常行驶。

（2）重量更重　防爆轮胎的重量明显比普通轮胎重了好多，普通轮胎单手可以轻易抬起，而单手抬起防爆轮胎则稍微有些吃力。

（3）行驶噪声/油耗增大　重量更大的防爆轮胎会比普通轮胎在行驶时噪声

更大，实际也费油一些。

2. HSR（高强度橡胶）轮胎

HSR 是一种将橡胶与树脂在分子水平上结合的聚合物，具有比天然橡胶更高的抗裂性和耐磨性。作为潜在的新一代轮胎材料，HSR 具有广泛的应用前景，有望使用更少材料满足轮胎应具备的性能要求，同时它也是高效利用资源和减少环境污染的有效解决方案之一。

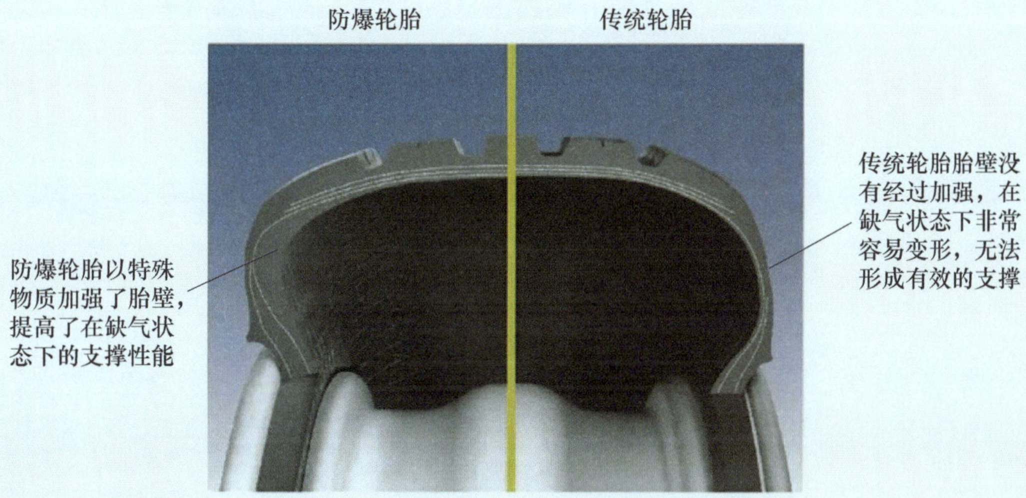

图 1-3　防爆轮胎和传统轮胎对比

3. 胎压监测

胎压监测系统简称"TPMS"（图 1-4），是"tire pressure monitoring system"的缩写。这种技术可以通过记录轮胎转速或安装在轮胎中的电子传感器，对轮胎的各种状况进行实时自动监测，能够为行驶提供有效的安全保障。

胎压监测系统可分为两种：一种是间接式胎压监测系统，通过轮胎的转速差来判断轮胎是否异常；另一种是直接式胎压监测系统，通过在轮胎里面加装的四个胎压监测传感器，对轮胎气压和温度进行实时自动监测，并对轮胎高压、低压、高温进行及时报警，避免因轮胎故障引发交通事故，以确保行车安全。

图 1-4　胎压监测系统

知识活页
01-01-06 汽车底盘常见项目检查与维护

项目一　行驶系统部件检查与维护

工单活页 01-02-01

"车轮检查与维护"操作工单

学校 _____　姓名 _____　学号 _____

车轮检查与维护

车辆信息					
品牌		整车型号		生产年月	
发动机型号		发动机排量		行驶里程	km
车辆识别码					

检查情况及数据记录					
检查测量项目		左前轮	左后轮	右前轮	右后轮
型号	当前				
	判定	正常□　异常□	正常□　异常□	正常□　异常□	正常□　异常□
生产日期					
胎侧裂纹		正常□　异常□	正常□　异常□	正常□　异常□	正常□　异常□
轮毂		正常□　异常□	正常□　异常□	正常□　异常□	正常□　异常□
胎压值	数据				
	判定	正常□　异常□	正常□　异常□	正常□　异常□	正常□　异常□
	维修	调整□　维修□	调整□　维修□	调整□　维修□	调整□　维修□
花纹	深度				
	偏磨	左□　中□　右□	左□　中□　右□	左□　中□　右□	左□　中□　右□
	判定	正常□　异常□	正常□　异常□	正常□　异常□	正常□　异常□
	维修	换位□　更换□	换位□　更换□	换位□　更换□	换位□　更换□

操作时间分配			
序号	维修工序描述	备注信息	工序编号任务周期时间/s
1	准备工作		120
2	轮胎、轮毂的外观检查		170
3	轮胎胎压和胎纹深度的测量		360
4	车轮的换位		870
5	恢复工作		180
	总时间		1700

思政

道路千万条，安全第一条。车轮维护是常规底盘维护项目之一，维护过程中认真、到位、严谨的操作，既是工匠精神的体现，更是对安全责任的敬畏。

工单活页 01-02-02
汽车底盘常见项目检查与维护

操作步骤及作业要点

标识符号					
✚	▲	◼	★	○	!
安全	关键步骤	固定操作流程	质量检查	固定操作顺序	环境相关

标识符号	序号	任务	步骤名称	标准工时/s	技术要点	潜在失效模式	完成与否
✚	1	准备工作	安装车辆举升块	90	左右各2块，对称安放于举升指定位置	车辆冲出操作位置	
✚▲	2		举升车辆	30	举升高度为车轮离开地面50cm左右	造成人员伤亡	
◼	3	轮胎、轮毂的外观检查	检查轮胎型号	40		造成跑偏或方向抖动	
◼▲	4		检查轮胎生产日期	40		造成爆胎或侧翻	
◼	5		检查轮胎侧面裂纹	30	轮胎内、外侧都需检查	造成爆胎或侧翻	
◼	6		检查胎面	30	检查是否有裂纹、钉子等异物	造成爆胎或侧翻	
◼	7		检查轮毂	30	检查轮毂是否有变形、划痕等	造成侧翻	
◼▲	8	轮胎胎压和胎纹深度的测量	检查调整轮胎胎压	180	使用胎压表将轮胎胎压调整至规定数值	造成轮胎报废、方向跑偏	

图解说明

① ____

② ____

③ ____

④ ____

⑤ ____

⑥ ____

⑦ ____

⑧ ____

项目一　行驶系统部件检查与维护

（续）

标识符号	序号	任务	步骤名称	标准工时/s	技术要点	潜在失效模式	完成与否
■▲	9	轮胎的换位	检查轮胎花纹及胎纹深度	180	胎纹测量在沟槽非凸起标志处	造成爆胎或侧翻	
✚▲	10		下降车辆	30	轮胎落回地面	造成车辆损坏	
■▲	11		预松轮胎紧固螺母	120	使用指针式扭力扳手对角进行预松	造成螺栓损坏	
■▲	12		举升车辆	30	举升高度为车轮离开地面20cm左右	造成人员伤亡	
■	13		拆卸轮胎紧固螺母、取下轮胎	180	最上面的螺母最后拆卸，防止轮胎掉落	造成螺母或螺栓牙纹损坏	
■▲	14		同侧轮胎前后换位	30	同侧换位	造成噪声或抖动	
■★	15		安装轮胎并紧固螺母	300	上面螺母先装，分多次紧固	造成受力不均	
■▲	16		拧紧螺母	180	按规定转矩进行紧固	造成螺纹损坏	
■▲	17	恢复工作	下降车辆	30	举升机降回最低位置	造成人员伤亡	
■	18		收起举升垫块	30			
！	19		整理清洁	120	工位工具整理清洁		

图解说明

❾

❿

⓫

⓬

⓭

⓮

⓯

⓰

中策橡胶集团有限公司前身是1958年建立的杭州海潮橡胶厂，是集轮胎研发、生产、销售以及汽车后市场服务为一体的大型轮胎企业，拥有30000余名员工和2000余名工程技术人员，是国家高新技术企业，工信部两化融合试点企业，2018年中国制造企业500强，2018年中国轮胎企业排名第一，世界轮胎企业排名前十。中策旗下拥有朝阳、威狮、好运、全诺、雅度、ARISUN等知名轮胎品牌。

工单活页
01-02-04 汽车底盘常见项目检查与维护

姓名：　　　　　准考证号：　　　　　身份证号码：

考试开始时间：　　　　　考试结束时间：　　　　　总计（分）：

考核任务一：车轮检查与维护【考核评分表】

✚	▲	▫	★	○	！	🔧
安全	关键步骤	固定操作流程	质量检查	固定操作顺序	环境相关	职业素养

评分项		评分标准	配分	扣分
情意面 （规范作业） （职业精神）	✚ ▲ ▫ ！🔧	☐ 1. 规范作业： 　☐ 1.1 检查作业所需要的工具设备是否完备（1分） 　☐ 1.2 检查作业环境是否配备灭火器（1分） 　☐ 1.3 检查举升机举升情况是否正常（1分） 　☐ 1.4 正确安装车辆翼子板布（1分） 　☐ 1.5 正确安装车内四件套（1分） 　☐ 1.6 正确安装车轮挡块（1分） 　☐ 1.7 使用工具前对工具量具进行校准（1分） 　☐ 1.8 使用工具后对工具量具进行清洁（1分） 　☐ 1.9 作业完成后对工具进行复位（1分） 　☐ 1.10 作业过程做到油液不落地（1分） 　☐ 1.11 作业过程做到水液不落地（1分） 　☐ 1.12 作业过程做到工具不落地（1分）	20	
	🔧	☐ 2. 职业精神： 　☐ 2.1 作业过程服装到位（2分） 　☐ 2.2 作业过程严谨操作（2分） 　☐ 2.3 作业过程认真负责（2分） 　☐ 2.4 作业过程守法遵规（2分）		
技能面 （应用技能） （操作技能）	✚ ✚▲ ▫ ▫▲ ▫ ▫ ▫ ▫▲	☐ 1. 安装车辆举升块：左右各2块，对称安放于举升指定位置（2分） ☐ 2. 举升车辆：举升高度为车轮离开地面50cm左右（2分） ☐ 3. 检查轮胎型号（2分） ☐ 4. 检查轮胎生产日期（2分） ☐ 5. 检查轮胎侧面裂纹：胎内、外侧都需检查（2分） ☐ 6. 检查胎面： 　☐ 6.1 轮胎胎面异物情况（钉子等）（2分） 　☐ 6.2 胎面裂纹情况（2分） ☐ 7. 检查轮毂：轮毂变形、划痕等情况（2分） ☐ 8. 检查调整轮胎胎压： 　☐ 8.1 连接气管后校准胎压表（2分） 　☐ 8.2 胎压调整至标准胎压（参照手册）（2分）	50	

评价活页 01-03-02
汽车底盘常见项目检查与维护

（续）

评分项		评分标准	配分	扣分
技能面 （应用技能） （操作技能）	■▲	□ 9. 检查轮胎花纹及胎纹深度： 　□ 9.1 目视检查胎面左、中、右花纹情况（1分） 　□ 9.2 用胎纹深度尺测量，胎纹深度大于1.6mm（2分） 　□ 9.3 同轴两侧轮胎花纹须一致（2分）	50	
	✚▲	□ 10. 降低车辆高度：降低至四个轮胎接触地面（2分）		
	■▲	□ 11. 预松轮胎紧固螺母： 　□ 11.1 对角预松（2分） 　□ 11.2 指针式扭力扳手、轮胎套筒（2分）		
	■▲	□ 12. 举升车辆：举升高度为车轮离开地面50cm左右（2分）		
	■	□ 13. 拆卸轮胎：最上面螺栓最后取下（2分）		
	■▲	□ 14. 轮胎换位：同侧前后换位（2分）		
	■★	□ 15. 安装轮胎： 　□ 15.1 上面螺母先紧固（2分） 　□ 15.2 分多次紧固螺母（2分）		
	■▲	□ 16. 拧紧螺母： 　□ 16.1 使用预置式扭力扳手（2分） 　□ 16.2 力矩140N·m（2分）		
	■▲	□ 17. 下降车辆：举升机降到底（2分）		
	■	□ 18. 收起举升垫块（1分）		
	！	□ 19. 整理清洁： 　□ 19.1 工位工具整理清洁（1分） 　□ 19.2 车辆整理清洁（1分）		
信息面 （信息录入） （资料应用） （资讯检索）	🔧 🔧 🔧 🔧	□ 1. 能正确使用维修手册查询资料： 　□ 1.1 查询车辆轮胎型号规格（2分） 　□ 1.2 查询轮胎标准胎压（2分） 　□ 1.3 查询轮胎螺母力矩规格（2分） □ 2. 能在规定时间内查询所需资料（1分） □ 3. 能正确记录所查询资料章节页码（1分） □ 4. 能正确记录所需维修信息（2分）	10	
工具及设备使用 （工具使用） （设备使用） （软件使用）	🔧 🔧 🔧 🔧 🔧	□ 1. 能正确选用维修工具（2分） □ 2. 能正确使用胎压表（2分） □ 3. 能正确使用胎纹深度尺（2分） □ 4. 能正确使用预置式扭力扳手（2分） □ 5. 能正确使用举升机（2分）	10	
诊断面 （诊断分析） （检测分析） （调校分析）	🔧 🔧 🔧 🔧 🔧	□ 1. 能判断轮胎型号情况（2分） □ 2. 能判断轮胎胎压情况（2分） □ 3. 能判断轮胎磨损情况（2分） □ 4. 能判断轮胎裂纹情况（2分） □ 5. 能判断轮毂外观情况（2分）	10	
总计			100	

评分员：＿＿＿＿＿＿

项目一

行驶系统部件检查与维护

任务二　悬架检查与维护

任务情境

车主描述

别克威朗 2015 款 15S 自动进取型轿车，车辆购置时间为 2015 年 8 月，行驶里程 63000km，60000km 时来店做过常规维护，但最近发现车辆遇颠簸时有异响，听着挺明显，应该是从左前侧发出，担心有安全隐患。车主要求 4S 店进行检测解决问题。

任务描述

根据车主提供的信息，可以初步判断问题出在底盘系统上，可能是悬架系统零部件异常磨损或减振器泄漏造成异响，也有可能是相关紧固件有松动现象。因此，要解决这个问题，首先需要对悬架系统密封件进行全面检查，并对相关紧固件进行紧固力矩复核。

学习任务

序号	任务名称	任务类型
1	检查悬架系统主要部件的外观	检查
2	检查、调整指定螺栓的紧固力矩	检查、调整

学习目标

1. 知道悬架系统主要部件的检查方法。
2. 能够检查和判断悬架系统主要部件外观情况。
3. 知道悬架系统主要紧固件紧固力矩。
4. 正确选用工具对悬架系统主要紧固件实施紧固作业。
5. 正确认识悬架系统检查维护对车辆使用的重要意义，体现严谨、负责、遵规、守法的职业精神。

信息搜集

理论必知

1. 车桥的作用与分类

车桥两端安装车轮，它通过悬架与车架相连。当汽车行驶时，车轮受到的滚动阻力、驱动力、制动力和侧向力及其弯矩和转矩均通过车桥传递给悬架和车架，同时，车架上的载荷也通过车桥传递给车轮。故车桥的作用是安装车轮、传递车架与车轮之间的各个方向的作用力及其产生的弯矩和转矩，其结构如图 2-1 所示。

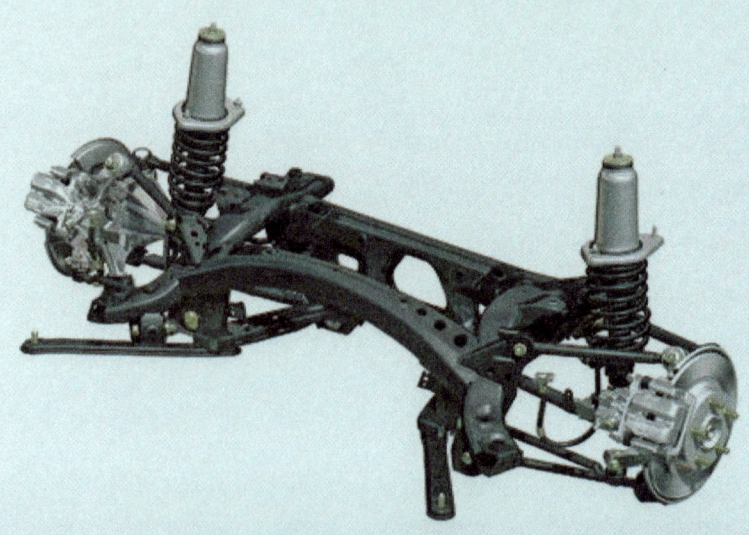

图 2-1 车桥的结构

车桥根据悬架结构形式的不同，可分为整体式和断开式两种。当采用非独立悬架时，车桥中部是刚性的实心和空心（管状）梁，这种车桥即为整体式；断开式车桥中部为活动关节式结构，与独立悬架配合使用。

根据车桥作用的不同，车桥又可分为转向桥、驱动桥、转向驱动桥和支持桥四种类型。其中转向桥和支持桥都属于从动桥。一般货车前桥多为转向桥，后桥或中、后两桥为驱动桥，越野汽车的前桥为转向驱动桥，挂车的车桥为支持桥。

2. 悬架的作用与组成

悬架（图2-2）是汽车的车架（或承载式车身）与车桥（或车轮）之间的一切传力连接装置的总称，其作用是传递作用在车轮和车架之间的力和力矩，并且缓冲由不平路面传给车架或车身的冲击力，并减少由此引起的振动，以保证汽车能平顺地行驶。

现代汽车的悬架有各种不同的结构形式，但一般都是由弹性元件、减振器和导向机构三部分组成。它们分别起着缓冲、减振、导向和传递力及力矩的作用。

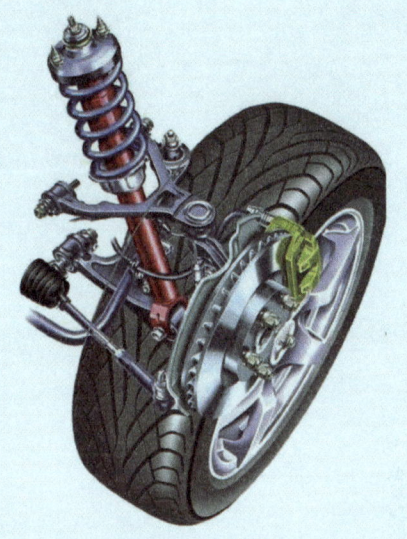

图2-2 悬架结构

3. 悬架的类型

根据汽车悬架结构的不同，通常将悬架分为独立悬架和非独立悬架两大类（图2-3）。

（1）非独立悬架　非独立悬架的结构特点是两侧车轮由一根整体式车桥相连，车轮连同车桥一起通过弹性悬架悬挂在车架或车身的下面。非独立悬架具有结构简单、成本低、强度高、维护容易、行车中前轮定位变化小的优点，但由于其舒适性及操纵稳定性都较差，在现代轿车中基本上已不再使用，多用在货车和大客车上。

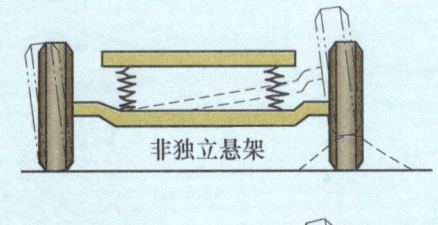

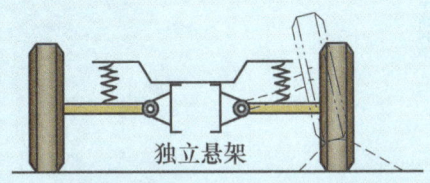

图2-3 独立悬架与非独立悬架

（2）独立悬架　独立悬架是每一侧的车轮都是单独地通过弹性悬架悬挂在车架或车身下面。其优点是：质量轻，减少了车身受到的冲击，并提高了车轮的地面附着力；可用刚度小的较软弹簧，改善汽车的舒适性；可以使发动机位置降低，汽车重心也得到降低，从而提高汽车的行驶稳定性；左右车轮单独跳动，互不相干，能减小车身的倾斜和振动。不过，独立悬架存在着结构复杂、成本高、维修不便的缺点。现代轿车大都是采用独立式悬架，按其结构形式的不同，独立悬架又可分为横臂式、纵臂式、多连杆式、烛式以及麦弗逊式等。

新知拓展

1. 空气悬架

空气悬架（图2-4）的基本技术方案主要包括内部装有压缩空气的空气弹簧和阻尼可变的减振器两部分。与传统钢制汽车悬架系统相比较，空气悬架具有很多优势，最重要的一点就是弹簧的弹性系数也就是弹簧的软硬能根据需要自动调节。例如，高速行驶时悬架可以变硬，以提高车身稳定性，长时间低速行驶时，控制单元会认为正在经过颠簸路面，以悬架变软来提高减振舒适性。有的空气悬架还具有车身高度调节功能，也就是利用车辆的悬架高度调节，来调节整体车身高度。

图2-4 空气悬架结构

2. 电控悬架

汽车行驶的不同环境对车身高度的要求是不一样的。在电子技术发展的带动下，工程师设计出一种可以在一定范围内调整的电子控制悬架来满足这种需求，这种悬架称为电控悬架（如图2-5），比较常见的是电控空气悬架形式，该系统利用电控减振器调整汽车高度。典型的电控悬架由电子控制元件（EMS ECU）、悬架控制执行器、压缩机、气动缸和高度控制阀等组成。

利用这种悬架系统在车辆高速行驶时，降低车身高度可以增加轮胎的抓地力，并且减小风阻，有利于车辆行驶的安全性和稳定性，并且油耗也会随着风阻的降低而减少。在车辆低速行驶并需要通过障碍物时,车身高度升高,会大大提高车辆本身的通过能力。这样的设计使车辆可以同时具有跑车的性能和越野车的通过能力。

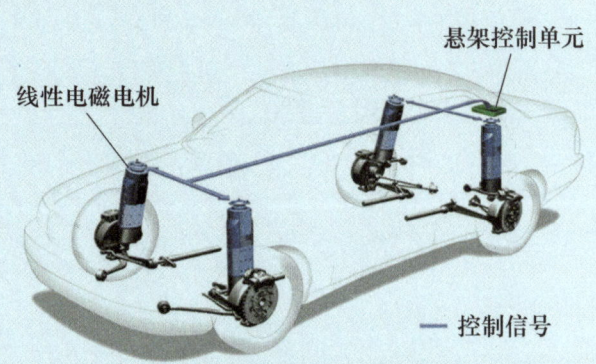

图 2-5　电控悬架示意图

知识活页
02-01-06 汽车底盘常见项目检查与维护

项目一　行驶系统部件检查与维护

"悬架检查与维护"操作工单

学校 _____　姓名 _____　学号 _____

悬架检查与维护

车辆信息					
品牌		整车型号		生产年月	
发动机型号		发动机排量		行驶里程	
车辆识别码					

检查并记录		
序号	部件名称及位置	检查情况	维修措施
		破损□　变形□　老化□　松动□　泄漏□　正常□	
		破损□　变形□　老化□　松动□　泄漏□　正常□	
		破损□　变形□　老化□　松动□　泄漏□　正常□	
		破损□　变形□　老化□　松动□　泄漏□　正常□	
		破损□　变形□　老化□　松动□　泄漏□　正常□	

注：上表检查情况列合并显示。

相关紧固件扭力规格			
检查项目	规格（公制）	检查项目	规格（公制）
传动系统和前悬架支架后螺栓		前下控制臂衬套螺栓	
传动系统和前悬架横梁加长件螺栓		平衡梁支架连接螺栓	
后减振器下螺栓		后悬架锁闩连杆螺栓	

操作时间分配			
序号	维修工序描述	备注信息	工序编号任务周期时间/s
1	准备工作		60
2	检查悬架系统主要部件的外观		640
3	检查、调整指定螺栓的紧固力矩		800
4	恢复工作		180
	总时间		1680

工单活页
02-02-02　汽车底盘常见项目检查与维护

 思政

早在2017年,由青岛方正机械集团生产的空气悬架就严格按照GB/T 13061—1991气囊国家标准、QC/T 545—1999减振器汽车标准以及GB 1589—2016整车国家标准规范化生产,并制定出行业领先的企业标准,努力为国家标准的制定出台做出贡献。

操作步骤及作业要点

标识符号

✚	▲	▉	★	○	!
安全	关键步骤	固定操作流程	质量检查	固定操作顺序	环境相关

标识符	序号	任务	步骤名称	标准工时/s	技术要点	潜在失效模式	完成与否
✚	1	准备工作	安装车辆举升块	30	安装位置对称、正确	车辆冲出操作位置	
✚▲	2		举升车辆	30	举升高度为车轮离开地面一人高左右	造成人员伤亡或车辆损毁	
▉	3	检查各部件外观	检查稳定杆	30	用力晃动,判断有无松动	车辆翻落,人员伤亡	
▉	4		检查稳定杆拉杆	30	用力晃动,判断有无松动	车辆翻落,人员伤亡	
▉	5		检查控制臂	60	用力晃动,判断有无松动	车辆翻落,人员伤亡	
▉▲	6		检查控制臂衬套	120	判断有无老化、破损		
▉	7		检查副车架和车身连接	100	用力晃动,判断有无松动	车辆翻落,人员伤亡	
▉	8		检查螺旋弹簧变形情况	120	判断有无松动		

图解说明

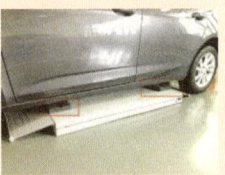
❶

❷

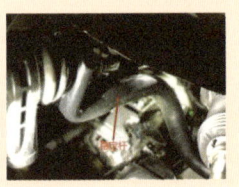
❸

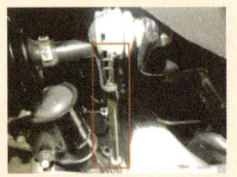
❹

❺

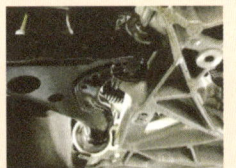
❻

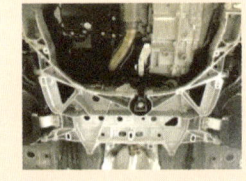
❼

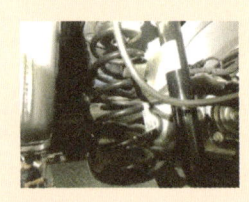
❽

项目一 行驶系统部件检查与维护

（续）

标识符	序号	任务	步骤名称	标准工时/s	技术要点	潜在失效模式	完成与否
■	9	检查各部件外观	检查减振器泄漏情况	120	判断有无液体泄漏		
■	10		检查后悬架锁闩连杆	30	用力晃动，判断有无松动	车辆翻落，人员伤亡	
■	11		检查中心枢轴球节	30	用力晃动，判断有无松动	车辆翻落，人员伤亡	
■▲	12	紧固相关部件螺栓	紧固传动系统和前悬架支架螺栓	300	共六颗螺栓，按规定力矩紧固	螺栓损坏、前悬架松脱	
■▲	13		紧固传动系统和前悬架横梁加长件螺栓	100	共两颗螺栓，按规定力矩紧固	螺栓损坏、前悬架松脱	
■▲	14		紧固前下控制臂衬套螺栓	100	共两颗螺栓，按规定力矩紧固	螺栓损坏、前轮摆动	
■▲	15		紧固后减振器下螺栓	100	共两颗螺栓，按规定力矩紧固	螺栓损坏	
■▲	16		紧固后悬架锁闩连杆螺栓	100	共两颗螺栓，按规定力矩紧固	螺栓损坏	
■▲	17		紧固平衡梁支架连接螺栓	100	共两颗螺栓，按规定力矩紧固	螺栓损坏	
✚!	18	恢复工作	车辆场地恢复	180	降下车辆、收起举升垫块、整理清洁		

图解说明

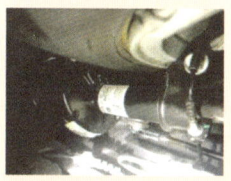
⑨

⑩

⑪

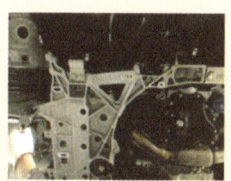
⑫

⑬

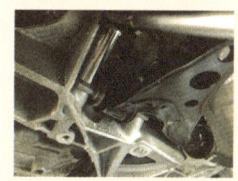
⑭

⑮

⑯

⑰

⑱

思政

悬架的正常工作是对车辆的舒适性、稳定性的重要保证，在检查和维护过程中，认真细致地操作和严谨负责的态度是汽车修理工的基本素养。

工单活页
02-02-04 汽车底盘常见项目检查与维护

项目一　行驶系统部件检查与维护

评价活页
02-03-01

姓名：　　　　　准考证号：　　　　　身份证号码：
考试开始时间：　　　　考试结束时间：　　　　总计（分）：

考核任务二：悬架检查与维护【考核评分表】

✚	▲	▫	★	○	！	🔧
安全	关键步骤	固定操作流程	质量检查	固定操作顺序	环境相关	职业素养

评分项		评分标准	配分	扣分
情意面 （规范作业） （职业精神）	✚ ▲ ▫ ！🔧 🔧	□ 1. 规范作业： 　□ 1.1 检查作业所需要的工具设备是否完备（1分） 　□ 1.2 检查作业环境是否配备灭火器（1分） 　□ 1.3 检查举升机举升情况是否正常（1分） 　□ 1.4 正确安装车辆翼子板布（1分） 　□ 1.5 正确安装车内四件套（1分） 　□ 1.6 正确安装车轮挡块（1分） 　□ 1.7 使用工具前对工具量具进行校准（1分） 　□ 1.8 使用工具后对工具量具进行清洁（1分） 　□ 1.9 作业完成后对工具进行复位（1分） 　□ 1.10 作业过程做到油液不落地（1分） 　□ 1.11 作业过程做到水液不落地（1分） 　□ 1.12 作业过程做到工具不落地（1分） □ 2. 职业精神： 　□ 2.1 作业过程服装到位（2分） 　□ 2.2 作业过程严谨操作（2分） 　□ 2.3 作业过程认真负责（2分） 　□ 2.4 作业过程守法遵规（2分）	20	
技能面 （应用技能） （操作技能）	✚ ✚▲ ▫ ▫ ▫ ▫▲ ▫ ▫	□ 1. 安装车辆举升块：安装位置对称、正确（1分） □ 2. 举升车辆：举升高度为一人高左右（2分） □ 3. 检查稳定杆： 　□ 3.1 左右两侧（2分） 　□ 3.2 判断有无松动（1分） □ 4. 检查稳定杆拉杆： 　□ 4.1 左右两侧（2分） 　□ 4.2 判断有无松动（1分） □ 5. 检查控制臂：判断有无松动（2分） □ 6. 检查控制臂衬套： 　□ 6.1 每边各三个（2分） 　□ 6.2 判断有无破损（1分） □ 7. 检查副车架和车身连接：多处、判断有无松动（2分） □ 8. 检查螺旋弹簧变形情况：判断有无松动（2分）	48	

（续）

评分项		评分标准	配分	扣分
技能面 （应用技能） （操作技能）	■	□ 9. 检查减振器泄漏情况： 　　□ 9.1 戴手套摸，看手套上油污情况（2分） 　　□ 9.2 手电筒照，判断有无液体泄漏（2分）	48	
	■	□ 10. 检查后悬架锁闩连杆：判断有无松动（2分）		
	■	□ 11. 检查中心枢轴球节：判断有无松动（1分）		
	■ ▲	□ 12. 紧固传动系统和前悬架支架螺栓： 　　□ 12.1 预置式扭力扳手（1分） 　　□ 12.2 力矩参照手册（100N·m）（1分） 　　□ 12.3 向人体侧用力（拉）（1分） 　　□ 12.4 六颗螺栓（1分）		
	■ ▲	□ 13. 紧固传动系统和前悬架横梁加长件螺栓： 　　□ 13.1 预置式扭力扳手（1分） 　　□ 13.2 力矩参照手册（58N·m）（1分） 　　□ 13.3 向人体侧用力（拉）（1分）		
	■ ▲	□ 14. 紧固前下控制臂衬套螺栓： 　　□ 14.1 预置式扭力扳手（1分） 　　□ 14.2 力矩参照手册（100N·m）（1分） 　　□ 14.3 向人体侧用力（拉）（1分）		
	■ ▲	□ 15. 紧固后悬架减振器下固定螺栓： 　　□ 15.1 预置式扭力扳手（1分） 　　□ 15.2 力矩参照手册（100N·m）（1分） 　　□ 15.3 向人体侧用力（拉）（1分）		
	■ ▲	□ 16. 紧固后悬架锁闩连杆螺栓： 　　□ 16.1 预置式扭力扳手（1分） 　　□ 16.2 力矩参照手册（100N·m）（1分） 　　□ 16.3 向人体侧用力（拉）（1分）		
	■ ▲	□ 17. 紧固平衡梁支架连接螺栓： 　　□ 17.1 预置式扭力扳手（1分） 　　□ 17.2 力矩参照手册（100N·m）（1分） 　　□ 17.3 向人体侧用力（拉）（1分）		
	✚ !	□ 18. 车辆场地恢复：降下车辆、收起举升垫块、整理清洁（4分）		
信息面 （信息录入） （资料应用） （资讯检索）	🔧	□ 1. 能正确使用维修手册查询资料： 　　□ 1.1 查询前悬架支架与车身连接螺栓数量及力矩规格（2分） 　　□ 1.2 查询前悬架横梁加长件与车身连接螺栓数量及力矩规格（2分） 　　□ 1.3 查询控制臂至副车架的前螺栓力矩规格（2分） 　　□ 1.4 查询后悬架减振器下固定螺栓力矩规格（2分） 　　□ 1.5 查询后悬架锁闩连杆螺栓力矩规格（2分） 　　□ 1.6 查询平衡梁支架连接螺栓力矩规格（2分）	16	
	🔧	□ 2. 能在规定时间内查询所需资料（1分）		
	🔧	□ 3. 能正确记录所查询资料章节页码（1分）		
	🔧	□ 4. 能正确记录所需维修信息（2分）		

(续)

评分项		评分标准	配分	扣分
工具及设备使用 （工具使用） （设备使用） （软件使用）	🔧 🔧 🔧	☐ 1. 能正确选用维修工具（2分） ☐ 2. 能正确使用预置式扭力扳手（2分） ☐ 3. 能正确使用举升机（2分）	6	
诊断面 （诊断分析） （检测分析） （调校分析）	🔧 🔧 🔧 🔧 🔧	☐ 1. 能判断稳定杆情况（2分） ☐ 2. 能判断稳定杆连杆情况（2分） ☐ 3. 能判断控制臂衬套情况（2分） ☐ 4. 能判断减振器漏油情况（2分） ☐ 5. 能判断螺旋弹簧情况（2分）	10	
总分			100	

评分员：＿＿＿＿＿＿＿＿

评价活页
02-03-04　汽车底盘常见项目检查与维护

项目一

行驶系统部件检查与维护

任务三　悬架系统部件更换

任务情境

车主描述

上汽通用别克威朗 2018 款 15S 自动领先型轿车，车辆购置时间为 2018 年 8 月，行驶里程 93000km，来店做 10 万 km 常规维护。最近在驾驶过程中发现：当车辆经过颠簸路面时，车子颠簸幅度很大，上下跳动明显且持续时间较长，并伴有摇摆不定的情况，而且颠簸时还会出现异响，坐在车内的舒适感大大下降。车主要求 4S 店仔细检查一下，恢复车辆技术状况。

任务描述

根据车主提供的信息，基本可以判断问题出在车辆的悬架上。经过初步检查，发现减振器外部出现了漏油的情况，初步判断是减振器漏油导致减振器失效，无法抑制车轮的振动。因此，要解决这个问题，首先需要拆装车辆减振器，并对减振器进行必要的检查和更换。

学习任务

序号	任务名称	任务类型
1	拆卸前、后减振器总成	拆卸
2	检查、更换减振器部件或总成	检查、调整

(续)

序号	任务名称	任务类型
3	安装前、后减振器总成	装配
4	试车检查并调试减振器总成	检查、调整

学习目标

1. 会使用工具正确拆卸和安装前、后减振器总成。
2. 知道减振器失效的常见故障现象和故障原因。
3. 能正确规范进行减振器的检查。
4. 能够正确认识减振器的检查维护对车辆安全驾驶的重要意义，养成严谨、负责、遵规、守法的职业精神。

信息搜集

理论必知

1. 悬架的作用与组成

悬架是车架与车桥之间的一切传力装置的总称。悬架的主要作用就是缓和不平路面的冲击，衰减振动，并传递车架与车桥之间各方面的作用力及力矩。

悬架主要由三部分组成：弹性元件、减振器和导向机构。它们分别起着缓冲、减振、导向以及传递力和力矩的作用。此外，有的悬架还配有横向稳定杆。悬架的组成如图 3-1 所示。

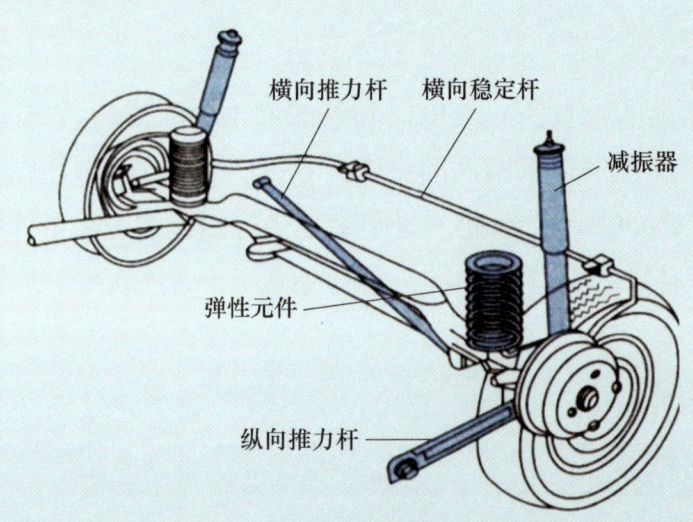

图 3-1 悬架的组成

（1）弹性元件 用于缓和冲击，承受并传递垂直载荷。常见的弹性元件主要有钢板弹簧、螺旋弹簧、扭杆弹簧、油气弹簧和空气弹簧等。

（2）减振器　限制弹簧自由振荡，迅速衰减振动。

（3）导向机构　用来控制车轮相对车架（或车身）的运动关系，并传递纵向力、侧向力及其引起的力矩。导向机构一般由控制臂和推力杆组成，钢板弹簧作为弹性元件时，它本身具有导向作用，可以不另设导向装置。

（4）横向稳定杆　使车身在转弯时不发生过度横向倾斜。

2. 减振器的作用

汽车在行驶中受到冲击时，车架与车身将产生振动，若只靠弹簧本身的摩擦阻力来消除振动是很缓慢的，这样会影响汽车行驶的平顺性。为了迅速衰减车架和车身的振动，现代多数汽车悬架中都安装了减振器，其作用就是迅速衰减汽车行驶中产生的振动，提高汽车行驶的平顺性。目前采用最多的就是液力式减振器。

3. 减振器的工作过程

双向作用筒式减振器能在压缩和伸张两个行程内均起减振作用，如图3-2所示。

工作过程：

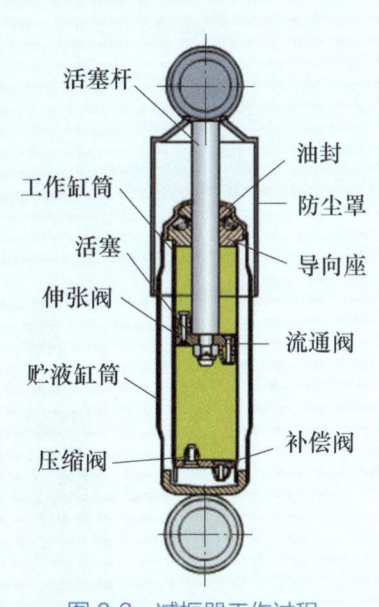

图 3-2　减振器工作过程

（1）压缩行程　活塞下移，使下腔室容积减小，油压升高，油液经流通阀进入活塞上腔室。由于活塞杆占去了上腔室一部分容积，故上腔室增加的容积小于下腔室减小的容积，致使下腔室油液不能全部流入上腔室，多余的油液压开压缩阀流入贮液缸筒，由于流通阀和压缩阀的弹簧较软，能使油液流动的阻尼力不致过大，所以在压缩行程，能使弹簧充分发挥缓冲减振作用。

（2）伸张行程　活塞上移，使上方腔室容积减小，油压升高，上腔室油液推开伸张阀流入下腔室。由于活塞杆的存在，下腔室形成一定的真空度，贮液缸筒内的油液在真空度的作用下，推开补偿阀流入下腔室，由于伸张阀弹簧刚度和预紧力比压缩阀大，且伸张行程时的油液通道面积小，所以在伸张行程产生的最大阻尼力远远超过了压缩行程内的最大阻尼力。减振器这时充分发挥减振作用，保护弹簧不被拉坏。

4. 减振器的检修

（1）检查减振器有无漏油　减振器有轻微漏油属于正常现象，可以继续使用，但出现严重漏油时，不得添加减振器油继续使用，必须更换新件。

（2）检查判断减振器工作情况　汽车在颠簸路面行驶一段时间后，用手触摸减振器，有温热感为正常，若没有发热，则表明减振器没有阻力，起不到减振作用。若减振器出现支柱变形弯曲或出现异响，则说明减振器损坏，必须更换。

（3）检查判断减振器效能　用手推拉减振器活塞杆时，应有较大的运动阻力，全程阻力大小均匀，不得有空行程及卡滞现象，且伸张行程的阻力大于压缩行程的阻力，否则应该更换减振器。

　新知拓展

阻尼可调式减振器。

普通减振器不能调整阻尼力的大小，而阻尼可调式减振器可以通过改变节流孔的大小来调节阻尼力的强度。这种减振器可以利用传感器检测汽车行驶状况，由电脑计算出最佳的阻尼力，从而自动调节左右车轮减振器和前后减振器的阻尼强度，以减少转弯时汽车车身的倾斜和加减速时的前后摆动。减振器实物图如图 3-3 所示。

图 3-3　减振器实物图

项目一　行驶系统部件检查与维护

工单活页 03-02-01

"悬架系统部件更换"操作工单

学校 _____　姓名 _____　学号 _____

悬架系统部件更换

车辆信息			
品牌		整车型号		生产年月	
发动机型号		发动机排量		行驶里程	
车辆识别码			

注：上表实际为6列布局。

车辆信息					
品牌		整车型号		生产年月	
发动机型号		发动机排量		行驶里程	
车辆识别码					

维修手册查找信息记录			
左前减振器□　右前减振器□　左后减振器□　右后减振器□			
查找项目	数据	查找项目	数据
前减振器上螺母力矩		稳定杆连杆螺母力矩	
前减振器上螺母角度		后减振器上螺母力矩	
转向节螺母力矩		后减振器下螺母力矩	
转向节螺母角度			

减振器外观检查			
支柱变形情况	正常□　异常□	油液渗漏情况	正常□　异常□

操作时间分配			
序号	维修工序描述	备注信息	工序编号任务周期时间/s
1	准备工作		
2	拆卸减振器总成下部		420
3	拆卸减振器总成上部		240
4	安装减振器总成上部		390
5	安装减振器总成下部		420
6	恢复工作		30
	总时间		1500

工单活页 03-02-02

汽车底盘常见项目检查与维护

思政

2021年《机动车运行安全技术条件》提到,所有危化品运输车应装备空气悬架,这是国家首次对空气悬架的安装有了强制性规定。预计空气悬架的安装有望逐步推广至其他车型。

操作步骤及作业要点

标识符号

✚	▲	◼	★	○	！
安全	关键步骤	固定操作流程	质量检查	固定操作顺序	环境相关

标识符	序号	任务	步骤名称	标准工时/s	技术要点	潜在失效模式	完成与否
◼		准备工作	拆卸刮水器		参考:刮水器拆卸技能操作		
◼			拆卸进气口格栅板		参考:进气口格栅板拆卸技能操作		
◼			拆卸左前车轮		参考:车轮拆卸技能操作		
◼	1	拆卸减振器总成下部	脱开前轮转速传感器线束	30	先脱开两处卡扣,然后再拔开线束插头	线束损坏	
◼	2		预松稳定杆连杆螺母	30	正确选择和使用工具	螺母损坏	
◼	3		拆卸并取下稳定杆连杆螺母	60	正确选择和使用工具		
◼ ★	4		脱开稳定杆连杆	30	分离稳定杆连杆与减振器	稳定杆连杆损坏	
◼	5		预松转向节螺母(2颗)	60	正确选择和使用工具		
◼	6		拆卸取下转向节螺母	120	正确选择和使用工具		
◼	7		取下转向节螺栓(2颗)	60	用橡胶锤敲出	其他杆件敲坏	
◼ ▲	8		分离转向节与减振器	30	用手托扶	造成磕碰	

图解说明

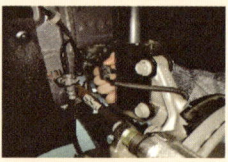
1

2

3

4

5

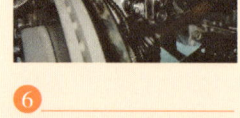
6

7

8

项目一 行驶系统部件检查与维护

工单活页
03-02-03

（续）

标识符	序号	任务	步骤名称	标准工时/s	技术要点	潜在失效模式	完成与否
✚▲	9	拆卸减振器总成上部	下降车辆	30	缓慢下降至合适高度	造成人员伤亡	
◻	10	拆卸减振器总成上部	拆卸减振器上部螺栓（3颗）	180	正确选择和使用工具预松后拆卸，拆卸最后一颗时，扶稳防止掉落	减振器总成掉落	
◻	11		取下减振器总成	30	小心取放	减振器总成掉落	
◻★	12		更换检查新减振器总成	60	检查新减振器总成支柱有无漏油等情况	新减振器总成损坏	
◻	13	安装减振器总成上部	预紧减振器上部螺栓	150	正确选择和使用工具预紧	减振器总成掉落	
◻▲	14		拧紧减振器上部螺栓	90	用预制式扭力扳手拧紧至规定力矩		
◻▲	15		拧紧减振器上部螺栓至规定角度	90	用角度测量仪拧紧至规定角度		
✚	16		举升车辆	30	缓慢举升至合适高度	造成人员伤亡	

图解说明

⑨

⑩

⑪

⑫

⑬

⑭

⑮

⑯

思政

空气悬架在很长一段时间里都是国外高端车的象征，而如今在国内的很多自主品牌车上也得到了广泛的应用，如：红旗HS7、北京BJ90、蔚来ES6/ES8。

工单活页
03-02-04 汽车底盘常见项目检查与维护

(续)

标识符	序号	任务	步骤名称	标准工时/s	技术要点	潜在失效模式	完成与否
■▲	17	安装减振器总成下部	安装并预紧转向节螺栓与螺母	90	使用新螺栓和螺母并正确选择和使用工具		
■▲	18		拧紧转向节螺母（2颗）	90	用预制式扭力扳手拧紧至规定力矩		
■▲	19		拧紧转向节螺母至规定角度	90	用角度测量仪拧紧至规定角度		
■▲	20		安装并预紧稳定杆连杆螺母	60	使用新螺母并正确选择和使用工具		
■▲	21		拧紧稳定杆连杆螺母	30	用预制式扭力扳手拧紧至规定力矩		
■	22		固定前轮传感器线束	30	安装两处卡扣	线束损坏	
✚▲	23		下降车辆	30	缓慢下降至合适高度	造成人员伤亡	
		恢复工作	安装左前车轮		参考：车轮安装技能操作		
			安装进气口格栅板		参考：进气口格栅板安装技能操作		
			安装刮水器		参考：刮水器拆安装技能操作		

图解说明

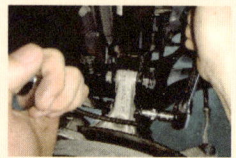
⑰ _____

⑱ _____

⑲ _____

⑳ _____

㉑ _____

㉒ _____

㉓ _____

姓名：　　　　　准考证号：　　　　　身份证号码：

考试开始时间：　　　　考试结束时间：　　　　总计（分）：

考核任务三：悬架系统部件更换【考核评分表】

✚ 安全	▲ 关键步骤	◻ 固定操作流程	★ 质量检查	○ 固定操作顺序	！ 环境相关	🔧 职业素养		
评分项			评分标准				配分	扣分
情意面 （规范作业） （职业精神）		✚ ▲ ◻ ！🔧 🔧	☐ 1. 规范作业： 　☐ 1.1 检查作业所需要工具设备是否完备（1分） 　☐ 1.2 检查作业环境是否配备灭火器（1分） 　☐ 1.3 检查举升机举升情况是否正常（1分） 　☐ 1.4 正确安装车辆翼子板布（1分） 　☐ 1.5 正确安装车内四件套（1分） 　☐ 1.6 正确安装车轮挡块（1分） 　☐ 1.7 使用工具前对工具量具进行校准（1分） 　☐ 1.8 使用工具后对工具量具进行清洁（1分） 　☐ 1.9 作业完成后对工具进行复位（1分） 　☐ 1.10 作业过程做到油液不落地（1分） 　☐ 1.11 作业过程做到水液不落地（1分） 　☐ 1.12 作业过程做到工具不落地（1分） ☐ 2. 职业精神： 　☐ 2.1 作业过程服装到位（2分） 　☐ 2.2 作业过程严谨操作（2分） 　☐ 2.3 作业过程认真负责（2分） 　☐ 2.4 作业过程守法遵规（2分）				20	
技能面 （应用技能） （操作技能）		◻ ◻ ◻ ◻★ ◻ ◻ ◻ ◻▲ ✚▲	☐ 1. 脱开前轮转速传感器线束：拔开两处卡扣（2分） ☐ 2. 预松稳定杆连杆螺母：用18号长套筒或梅花扳手（2分） ☐ 3. 拆卸并取下稳定杆连杆螺母：用9号和18号梅花扳手配合使用拆卸（2分） ☐ 4. 脱开稳定杆连杆（2分） ☐ 5. 预松转向节螺母（2颗）：用18号梅花扳手预松两颗螺母（2分） ☐ 6. 拆卸并取下转向节螺母（2颗）：用18号套筒拆下两颗螺母（2分） ☐ 7. 取下转向节螺栓（2颗）：用锤子敲出两颗螺栓（2分） ☐ 8. 分离转向节与减振器：用手托扶，避免磕碰（1分） ☐ 9. 下降车辆：缓慢下降至合适高度（1分）				50	

(续)

评分项		评分标准	配分	扣分
技能面 （应用技能） （操作技能）	■	□ 10. 拆卸减振器上部螺栓（3颗）： 　□ 10.1 用13号套筒预松3颗螺栓（3分） 　□ 10.2 拆卸最后1颗螺栓时，扶稳减振器防止掉落（2分）	50	
	■	□ 11. 取下减振器：小心取放避免磕碰（2分）		
	■ ★	□ 12. 更换检查新减振器总成：检查新减振器总成支柱有无漏油等情况（2分）		
	■	□ 13. 预紧减振器上部螺栓（3颗）：减振器上部装入后用13号套筒预紧（3分）		
	■ ▲	□ 14. 拧紧减振器上部螺栓（3颗）：用预制式扭力扳手拧紧至35N·m（3分）		
	■ ▲	□ 15. 拧紧减振器上部螺栓至规定角度（3颗）：用角度测量仪拧紧30°~45°（3分）		
	✚	□ 16. 举升车辆：缓慢举升至合适高度（2分）		
	■ ▲	□ 17. 安装并预紧转向节螺栓与螺母（2颗）：使用新螺栓和螺母并用18号梅花扳手或套筒预紧2颗螺母（2分）		
	■ ▲	□ 18. 拧紧转向节螺母（2颗）：用预制式扭力扳手拧紧至100N·m（2分）		
	■ ▲	□ 19. 拧紧转向节螺母至规定角度：用角度测量仪拧紧30°~45°（2分）		
	■ ▲	□ 20. 安装并预紧稳定杆连杆螺母：使用新螺母并用18号梅花扳手预紧（2分）		
	■ ▲	□ 21. 拧紧稳定杆连杆螺母：用预制式扭力扳手和长套筒拧至65N·m（2分）		
	■	□ 22. 固定前轮转速传感器线束：安装两处卡扣（2分）		
	✚ ▲	□ 23. 下降车辆：缓慢下降至合适高度（2分）		
信息面 （信息录入） （资料应用） （资讯检索）	🔧 🔧 🔧 🔧 🔧 🔧 🔧 🔧	□ 1. 能正确使用维修手册查询资料： 　□ 1.1 查询前减振器上螺栓规定力矩与角度（2分） 　□ 1.2 查询转向节螺母规定力矩与角度（2分） 　□ 1.3 查询稳定杆连杆螺母规定力矩（2分） 　□ 1.4 查询后减振器上螺栓力矩（2分） 　□ 1.5 查询后减振器下螺栓力矩（2分） □ 2. 能在规定时间内查询所需资料（1分） □ 3. 能正确记录所查询资料章节页码（1分） □ 4. 能正确记录所需维修信息（2分）	14	
工具及设备使用 （工具使用） （设备使用） （软件使用）	🔧 🔧 🔧 🔧	□ 1. 能正确选用维修工具（2分） □ 2. 能正确使用预制式扭力扳手（2分） □ 3. 能正确使用角度测量仪（2分） □ 4. 能正确使用举升机（2分）	8	
诊断面 （诊断分析） （检测分析） （调校分析）	🔧 🔧 🔧 🔧	□ 1. 能判断前悬架类型（2分） □ 2. 能判断后悬架类型（2分） □ 3. 能判断减振器有无支柱变形（2分） □ 4. 能判断减振器有无漏油现象（2分）	8	
总计			100	

评分员：_____

项目一

行驶系统部件检查与维护

任务四　下摆臂检查与更换

任务情境

车主描述

通用别克威朗 2015 款三厢自动进取型轿车，车辆行驶里程 15 万多 km，购买于 2015 年 11 月，目前车子在凹凸不平的路面上行驶时会有异响，特别是在颠簸时异响特别明显。车主要求 4S 店仔细检查一下，恢复车辆技术状况。

任务描述

根据车主提供的信息，基本可以判断问题出在车辆的底盘部分，通过举升车辆检查底盘，发现下摆臂的球头防尘套有破损，下摆臂的前后衬套橡胶有裂纹，进一步检查，发现球头的间隙比较大。

学习任务

序号	任务名称	任务类型
1	检查下摆臂	检查
2	拆卸下摆臂	拆卸
3	安装下摆臂	装配

37

学习目标

1. 能够正确检查下摆臂各连接部位。
2. 会正确使用拆装专用工具。
3. 会正确拆卸和安装下摆臂。
4. 能够在操作过程中认识到职业素养要求,体现严谨、负责、遵规、守法的职业精神。

信息搜集

理论必知

1. 车架的作用

汽车车架俗称大梁,它是跨接在前后车桥上的桥梁式结构,是整个汽车的基础,其上装有发动机、变速器、传动轴、前桥、后桥和车身等总成和部件。车架的作用是使各总成固定在它的上面,使之保持正确的相对位置,并承受和传递力和力矩。

汽车静止时,车架承受着垂直载荷。汽车行驶时,车架会受到比静止载荷大3~4倍或更大的弯曲应力,若路面不平,还将受到转矩的作用。因此,要求车架强度高、刚度适合,结构简单、重量轻,同时应尽可能降低汽车重心和获得较大的前轮转向角,以保证汽车行驶的稳定性和转向的灵活性。

2. 车架的种类与结构

现有的车架种类有大梁式、承载式、钢管式。

(1) 大梁式车架　大梁式车架的原理很简单。将粗壮的钢梁焊接或铆合起来成为一个钢架,然后在这个钢架上安装发动机、悬架、车身等部件,这个钢架就是名副其实的"车架"。大梁式车架的优点是钢梁提供很强的承载能力和抗扭刚度,而且结构简单,开发容易,生产工艺的要求也较低。致命的缺点是钢制大梁质量大,车架重量占去全车总重的相当大部分;此外,粗壮的大梁纵贯全车,影响整车的布局和空间利用率,大梁的厚度使安装在其上的乘员室和货箱的地台升高,使整车重心偏高。综合这些因素可知,大梁式车架适用于要求有大载重量的货车、中大型客车,以及对车架刚度要求很高的车辆,如传统越野车。传统越野车在良好道路上行驶时表现出重心过高的不良操控性,就是由大梁式车架所致。大梁式车架结构如图 4-1 所示。

（2）承载式车架　承载式车架也称作整体式车架，针对大梁式车架质量大、体积大、重心高的问题，承载式车架是用金属制成坚固的车身，再将发动机、悬架等机械零件直接安装在车身上。这个车身承受所有的载荷，充当车架，所以准确称呼应为"无车架结构的承载式车身"（采用大梁车架的汽车车身则称为"非承载式车身"）。承载式车架由钢材（较先进的是铝）经冲压、焊接而成，对设计和生产工艺的要求都很高。成型的车架是个带有乘员室、发动机舱和底板的骨架，我们所能看到的光滑的汽车车身则是嵌在骨架上的覆盖件。承载式车架是目前轿车的主流，因为这种结构将车架和车身二合为一，重量轻，可利用空间大，重心低，而且冲压成型的制造方式十分适合现代化的大批量生产。但是除了开发制造难度高外，刚度不足也是承载式车身的一大缺陷。承载式车架结构如图4-2所示。

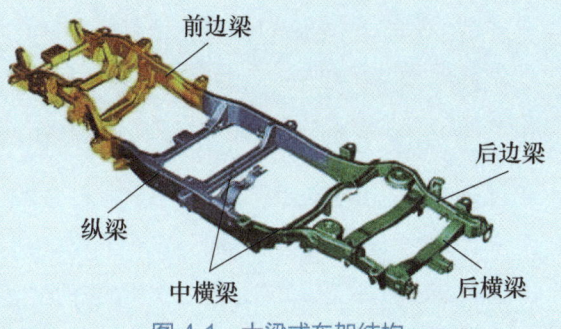

图4-1　大梁式车架结构

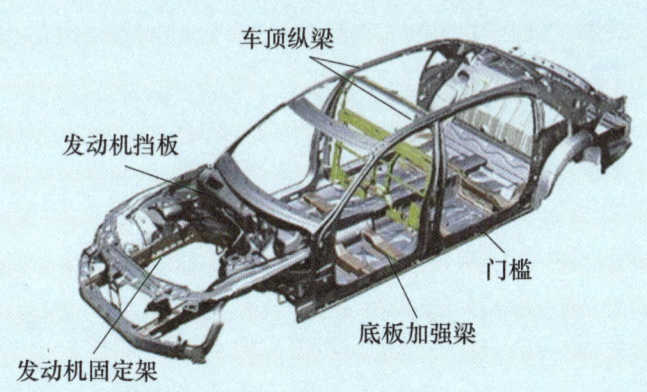

图4-2　承载式车架结构

（3）钢管式车架　钢管式车架就是用很多钢管焊接成一个框架，再将零部件装在这个框架上。它的生产工艺简单，很适合小规模的作坊作业，20世纪50~70年代是钢管车架的全盛时期，英国有很多小规模的车厂生产各式各样的汽车，都是用自行开发制造的钢管车架。钢管式车架结构如图4-3所示。

图4-3　钢管式车架示意图

时至今日仍采用钢管车架的都是一些产量较少的跑车厂，如兰博基尼、特威尔，应用较多的还有F1赛车，原因是可以省去冲压设备的巨大投资。由于对钢管车架进行局部加强十分容易（只需加焊钢管），在质量相等的情况下，往往可以得到比承载式车架更强的刚度，这也是很多跑车厂仍乐于用它的原因。

3. 汽车下摆臂的作用和影响

汽车下摆臂（图 4-4）是汽车中的重要部件，主要作用是支撑车身、转向节和减振器，并且缓冲行驶中的振动。下摆臂上有胶套，起固定作用，如果胶套破损，有可能会发出异响，减振效果变差，转向沉重，严重的会导致摆臂断裂，车辆失控造成事故。

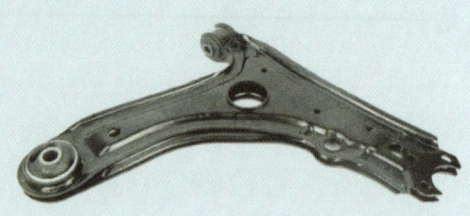

图 4-4　汽车下摆臂

4. 汽车下摆臂检查维护注意事项

1）需要仔细检查下摆臂外观有无生锈、裂纹。
2）需要仔细检查下摆臂球头有无松动，衬套有无裂纹。
3）拆装维护时不能损伤球头及防尘套。
4）必须要按照技术要求紧固螺栓。
5）拆装过后需要进行四轮定位。

新知拓展

1. 全铝车架

奥迪推出的革命性 ASF（Audi + Space + Frame）全铝合金车架结构技术（图 4-5），以创新的空间框架概念结合质轻坚固的铝合金材质，打造出比传统钢铁车身更轻巧稳定的高刚性车身结构。奥迪 TT、A8 和 R8 的车身均采用这一空间框架结构技术，与钢板车身相比，铝质车身重量大约减轻 40%，其整体结构刚性则提升 25%。奥迪宣称其新 A8 的四驱版本的重量低于同级的奔驰 S 级和宝马 7 系的后驱版，而比同样是四驱的 S 级或者 7 系至少要轻 100~200kg。ASF 组件大多以铝制成，不仅帮助奥迪减轻车身重量，也保证了良好的吸能和制动效果。与此同时，这些铝制零件还可以大规模回收再利用。

图 4-5　全铝车架

2. 碳纤维车架

碳纤维（CF）是纤维状的碳素材料（图 4-6），含碳量在 90% 以上，它是利用各种有机纤维在惰性气体中、高温状态下碳化而制得，具有十分优异的力学性能。特别是在 2000℃ 以上高温惰性环境中，是唯一强度不下降

图 4-6　碳纤维车架

的物质。碳纤维和碳纤维增强复合材料（CFRP）作为21世纪的新材料，其高强度、高弹性模量和低比重性能，在汽车上迅速得到广泛应用，由于碳纤维增强聚合物基复合材料有足够的强度和刚度，其是适于制造汽车车身、底盘等主要结构件的最轻材料。但由于碳纤维成本过高，碳纤维增强复合材料在汽车中的应用有限，仅在一些F1赛车、高级轿车、小批量车型上有所应用，如BMW公司的Z-9、Z-22的车身，M3系列车顶篷和车身，GM公司的Ultralite车身，福特公司的GT40车身，保时捷911+GT3承载式车身等。

知识活页 04-01-06 汽车底盘常见项目检查与维护

项目一　行驶系统部件检查与维护

工单活页
04-02-01

"下摆臂检查与更换"操作工单

学校 _____　姓名 _____　学号 _____

车辆信息			
品牌		整车型号		生产年月	
发动机型号		发动机排量		行驶里程	
车辆识别码				

下摆臂检查与更换

检查数据记录		
更换内容：左侧前下摆臂□　右侧前下摆臂□		
项目内容	记录检查情况	判定
下摆臂外观形状检查		正常□　异常□
下摆臂球头防尘套检查		正常□　异常□
下摆臂球头间隙检查		正常□　异常□
下摆臂前衬套检查		正常□　异常□
下摆臂前衬套间隙检查		正常□　异常□
下摆臂后衬套检查		正常□　异常□
下摆臂后衬套间隙检查		正常□　异常□

查询维修手册数据			
球头螺母力矩		前衬套螺栓力矩	
后衬套螺栓力矩				

操作时间分配			
序号	维修工序描述	备注信息	工序编号任务周期时间 /s
1	准备工作		180
2	检查下摆臂	单侧	300
3	拆卸下摆臂	单侧	600
4	安装下摆臂	单侧	720
	总时间		1800

43

工单活页
04-02-02 汽车底盘常见项目检查与维护

思政

近几年，汽车下摆臂断裂、召回等事件时有发生。国家也在积极完善相关的法律法规和行业标准，并大力支持国内技术的提升和投产。

操作步骤及作业要点

标识符号

✚	▲	◾	★	◯	！
安全	关键步骤	固定操作流程	质量检查	固定操作顺序	环境相关

标识符	序号	任务	步骤名称	标准工时/s	技术要点	潜在失效模式	完成与否
			提前拆下左前车轮		参考：车轮拆卸技能操作		
◾	1	准备工作	车辆安全防护	180	安装车内、车外三件套，记录车辆的基本信息	损坏车漆	
◾	2		举升车辆至一人高度	60	正确规范使用举升机，保证安全	车辆倾斜、掉落	
◾★	3	检查下摆臂	检查下摆臂外观	20	有无裂纹、有无碰撞痕迹		
◾★	4		检查下摆臂前、后衬套橡胶	20	橡胶是否开裂		
◾★	5		检查下摆臂前衬套间隙	60	规范使用撬棒检查	损坏衬套	
◾★	6		检查下摆臂后衬套间隙	60	规范使用撬棒检查	损坏衬套	
◾★	7		检查下摆臂球头防尘套	20	是否破损、有无漏油	损坏球头	
◾★	8		检查下摆臂球头间隙	60	规范使用撬棒	损坏防尘套	

图解说明

❶ _____

❷ _____

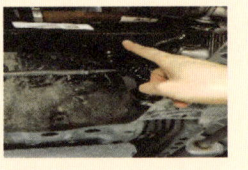

❸ _____

❹ _____

❺ _____

❻ _____

❼ _____

❽ _____

项目一 行驶系统部件检查与维护

（续）

标识符	序号	任务	步骤名称	标准工时/s	技术要点	潜在失效模式	完成与否
○ ■	9	拆卸下摆臂	拧松下摆臂球头螺母并取下	150	正确选择拆装工具，规范操纵，先预松	损坏螺母	
○ ■	10		分离球头	200	正确使用球头分离器	损坏球头	
○ ■	11		拧松下摆臂后衬套固定螺栓并取下	100	正确选择拆装工具，规范操作，先预松	损坏螺栓	
○ ■	12		拧松下摆臂前衬套固定螺栓并取下，拆卸完毕	150	正确选择拆装工具，规范操作，先预松	损坏螺栓	
○ ■	13	安装下摆臂	安装下摆臂，安装前衬套螺栓	200	正确选择拆装工具，规范操纵，按规定力矩拧紧	损坏衬套与螺栓	
■ ▲	14		安装下摆臂球头螺母	200	正确选择拆装工具，规范操纵，按规定力矩拧紧	损坏防尘套	
○ ■	15		安装下摆臂后衬套螺栓	200	正确选择拆装工具，规范操纵，按规定力矩拧紧	损坏衬套和螺栓	
✚ !	16		安装完毕，下降车辆，收拾工具，清洁场地	120	规范操作举升机，清洁工具并归位	车辆倾斜，场地脏乱	

图解说明

❾ _____

❿ _____

⓫ _____

⓬ _____

⓭ _____

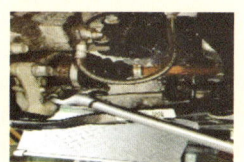
⓮ _____

⓯ _____

⓰ _____

思政

悬架的质量问题一直备受关注，同时这也是对汽车修理工的一种考验，我们认真严谨的劳动态度和精益求精的工匠精神将会是广大消费者所依赖的最后一道安全屏障。

工单活页 04-02-04 汽车底盘常见项目检查与维护

项目一　行驶系统部件检查与维护

评价活页
04-03-01

姓名：　　　　　准考证号：　　　　　身份证号码：

考试开始时间：　　　　　考试结束时间：　　　　　总计（分）：

考核任务四：下摆臂检查与更换【考核评分表】

✚	▲	◼	★	○	！	🔧
安全	关键步骤	固定操作流程	质量检查	固定操作顺序	环境相关	职业素养

评分项		评分标准	配分	扣分
情意面 （规范作业） （职业精神）	✚ ▲ ◼ ！🔧 🔧	☐ 1. 规范作业： 　☐ 1.1 检查作业所需要工具设备是否完备（1分） 　☐ 1.2 查作业环境是否配备灭火器（1分） 　☐ 1.3 查举升机举升情况是否正常（1分） 　☐ 1.4 正确安装车辆翼子板布（1分） 　☐ 1.5 正确安装车内四件套（1分） 　☐ 1.6 正确安装车轮挡块（1分） 　☐ 1.7 使用工具前对工具量具进行校准（1分） 　☐ 1.8 使用工具后对工具量具进行清洁（1分） 　☐ 1.9 作业完成后对工具进行复位（1分） 　☐ 1.10 作业过程做到油液不落地（1分） 　☐ 1.11 作业过程做到水液不落地（1分） 　☐ 1.12 作业过程做到工具不落地（1分） ☐ 2. 职业精神： 　☐ 2.1 作业过程服装到位（2分） 　☐ 2.2 作业过程严谨操作（2分） 　☐ 2.3 作业过程认真负责（2分） 　☐ 2.4 作业过程守法遵规（2分）	20	
技能面 （应用技能） （操作技能）	◼ ◼★ ○◼	☐ 1. 举升车辆至一人高度：安装车辆举升块、安全规范举升车辆（2分） ☐ 2. 检查下摆臂： 　☐ 2.1 正确检查外观有无碰撞痕、裂纹（2分） 　☐ 2.2 正确检查前、后衬套橡胶状况（2分） 　☐ 2.3 用撬棒检查前、后衬套间隙（2分） 　☐ 2.4 正确检查球头防尘套有无破损漏油（2分） 　☐ 2.5 用撬棒检查球头间隙（2分） ☐ 3. 拆卸下摆臂球头： 　☐ 3.1 拆卸下摆臂球头螺母（2分） 　☐ 3.2 正确使用球头分离器（2分） 　☐ 3.3 分离球头（1分）	50	

47

(续)

评分项		评分标准	配分	扣分
技能面 （应用技能） （操作技能）	○ ■	4. 拆卸下摆臂后衬套： 　4.1 先用指针式扭力扳手预松螺栓（2分） 　4.2 正确规范拆卸后衬套螺栓（2分） 　4.3 检查拆下螺栓有无损坏（1分）	50	
	○ ■	5. 拆卸下摆臂前衬套： 　5.1 先用指针式扭力扳手预松螺栓（2分） 　5.2 正确规范拆卸前衬套螺栓（2分） 　5.3 检查拆下螺栓有无损坏（1分）		
	○ ■	6. 取下下摆臂，拆卸完毕（1分）		
	○ ■	7. 安装下摆臂前衬套： 　7.1 需用手先拧入螺栓（1分） 　7.2 选用正确的工具预紧螺栓（1分） 　7.3 用预置式扭力扳手分多次对角拧紧（2分） 　7.4 力矩为100N·m再加45°（2分）		
	■ ▲	8. 安装下摆臂球头螺母： 　8.1 需用手先拧入螺母（1分） 　8.2 选用正确工具预紧螺栓（1分） 　8.3 用预置式扭力扳手按规定力矩拧紧（2分） 　8.4 力矩为35N·m再加45°（2分）		
	○ ■	9. 安装下摆臂后衬套： 　9.1 需用手先拧入螺栓（1分） 　9.2 选用正确的工具预紧螺栓（1分） 　9.3 用预置式扭力扳手分多次对角拧紧（2分） 　9.4 力矩为100N·m再加90°（2分）		
	✚ !	10. 安装完毕，安全下降车辆（2分）		
	✚ !	11. 收拾清洁工具、清洁场地（2分）		
信息面 （信息录入） （资料应用） （资讯检索）	🔧	1. 能正确使用维修手册查询资料： 　1.1 查询球头螺母力矩（2分） 　1.2 查询前衬套螺栓力矩（2分） 　1.3 后衬套螺栓力矩（2分）	10	
	🔧	2. 能在规定时间内查询所需资料（1分）		
	🔧	3. 能正确记录所查询资料章节页码（1分）		
	🔧	4. 能正确记录所需维修信息（2分）		
工具及设备使用 （工具使用） （设备使用） （软件使用）	🔧	1. 能正确选用维修工具（2分）	10	
	🔧	2. 能正确使用预置式扭力扳手（3分）		
	🔧	3. 能正确使用指针式扭力扳手（3分）		
	🔧	4. 能正确使用举升机（2分）		
诊断面 （诊断分析） （检测分析） （调校分析）	🔧	1. 能判断下摆臂球头间隙是否正常（3分）	10	
	🔧	2. 能判断下摆臂球头防尘套有无漏油（2分）		
	🔧	3. 能判断下摆臂前后衬套间隙是否正常（3分）		
	🔧	4. 能判断下摆臂前衬套橡胶是否正常（2分）		
总计			100	

评分员：＿＿＿＿＿＿＿＿＿＿

（续）

项目一

行驶系统部件检查与维护

任务五　四轮定位检查与调整

任务情境

车主描述

上汽通用别克威朗2017款15S自动进取型轿车，车辆购置时间为2017年8月，行驶里程40000km，35000km时来店做过常规维护，最近在驾驶过程中出现转向盘不能自动回正，有一次上高速行驶时，车辆出现发飘的情况，而且现在每次转弯打转向盘都比以前重了。车主要求4S店仔细检查一下，恢复车辆技术状况。

任务描述

根据车主提供的信息，对车辆进行了底盘和转向系统的检查，但是未发现部件存在松旷和其他明显异常。因此，怀疑问题很可能是汽车四轮定位参数不正常所引起的故障现象。因此，要解决这个问题，首先需要检查车辆四轮定位参数，并对车辆四轮定位参数进行分析，然后对出现问题的四轮定位参数进行调整，最后调整完再进行复测，确保车辆四轮定位参数恢复正常。

学习任务

序号	任务名称	任务类型
1	测量汽车四轮定位参数	测量
2	调整汽车四轮定位参数	调整

学习目标

1. 掌握汽车四轮定位参数含义。
2. 使用四轮定位仪。
3. 正确测量汽车四轮定位参数。
4. 正确调整汽车四轮定位参数。
5. 正确认识汽车四轮定位参数检查维护对安全驾驶的重要意义，体现严谨、负责、遵规、守法的职业精神。

信息搜集

理论必知

1. 四轮定位的含义

车辆的四轮、转向机构、前后车轴之间的安装应具有一定的相对位置，这个相对位置是由厂家设定的标准值。调整恢复厂家设定的标准位置的安装，就是四轮定位。

汽车底盘的主要定位角度包括前束（总前束和单边前束）、外倾角、后倾角、推力角，以及其他一些附加的相关参数，如内倾角、转向角、转向前展差、轮距、轴距、退缩角、车架角等。这些定位数据影响着车辆的驾驶感受和零部件寿命，并且可以作为车辆故障判断的参考。

2. 四轮定位主要参数的含义

（1）前束　总前束是从上方看，两侧车轮中心线形成的夹角，如图 5-1 所示。中心线相交于车轮前部为正前束，中心线相交于车轮后部为负前束。前轮前束是指前轮前端面与后端面在汽车横向方向的距离差，也可指车身前进方向与前轮平面之间的夹角，此时也称前束角。

在行驶中，由于车辆前轮作为转向轮可以自由转动，前轮单边前束在行驶过程中会自动趋近于左右相等的状态以使得两侧受阻力一致，除非有外力阻止车辆转向。

前轮总前束数值不正确可能会导致车轮以很快的速度磨损。前轮总前束超出范围引起的磨损会从胎肩开

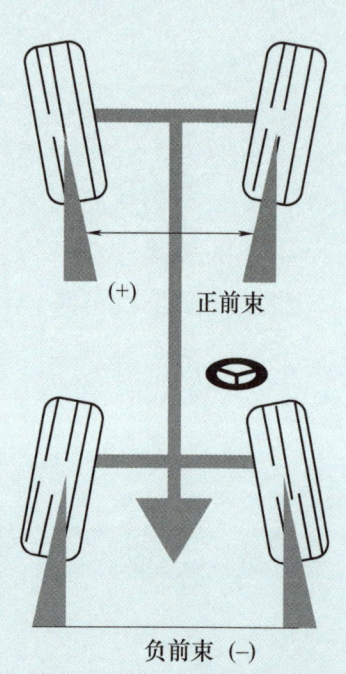

图 5-1　车辆前束

始,并向内侧延伸。后轮前束不等会导致胎面在车辆行驶时扭曲,造成胎面有对角线的磨损。对车辆行驶的影响主要有轮迹错位、转向盘不正、前悬架部件损坏、车轴偏移等。

(2) 外倾角 车轮外倾角是指车轮在安装后,其端面向外倾斜,即车轮所处平面和纵向垂直平面间的夹角,如图5-2所示。轮胎呈现"八"字形张开时称为负外倾,而呈现"V"字形张开时称正外倾。

外倾角超标会导致轮胎单侧胎肩的磨损,磨损表现为沿轮胎一周平整的锥形磨损,这种磨损行驶通常只发生在单侧胎肩位置上。外倾角偏差还会导致车辆行驶时向外倾角数值大的一侧偏移或跑偏。

(3) 后倾角 后倾角是由车轮转向轴线向前或向后倾斜,转向轴线与车轮中心轴线从侧面看所形成的角度,如图5-3所示。后倾角以度为单位测量和显示。转向轴线上端向后倾斜为正,转向轴线上端向前倾斜为负。

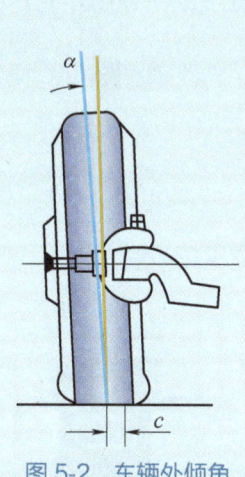

图5-2 车辆外倾角

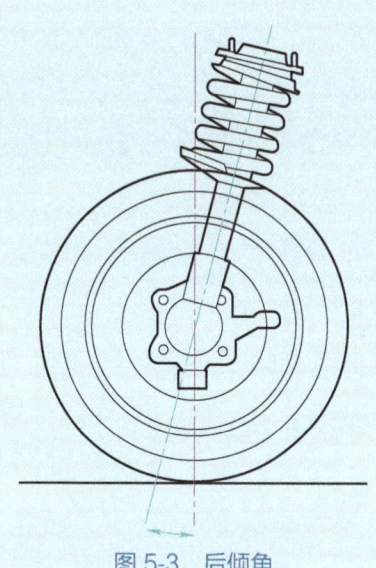

图5-3 后倾角

对于使用转向主销的结构来说,转向轴线即为转向主销的中心线。对于使用麦弗逊滑柱结构的车辆,转向轴线为滑柱的中心线。对于其他使用多个球节的结构来说,转向轴线是指球节中心的连线。

车辆后倾角不会直接导致轮胎磨损,但会影响外倾角,外倾滚动也会造成轮胎磨损。后倾角主要负责保证方向稳定性、转向性能和回正性能。后倾角为正时,操纵与制动力增强,有稳定前束的作用,保持直线行驶的能力较好;后倾角为负时,转向复位能力变差,易损坏轮胎(斜向角度影响),导致轮胎倾斜、打滑,对方向敏感;车辆左右两侧后倾角不等时,车身容易倾斜。

3. 四轮定位参数调整的主要方法

结合车辆四轮定位参数调整部位,调整参数的主要方法有:从上控制臂调整的常用方法、从下控制臂调整的常用方法、从减振器顶部进行调整的常用方法、从减振器支架部位进行调整的常用方法等。

没有四轮定位调整部位的车辆可以从其他定位部位进行调整：调长或调短前轮上的推力杆，可调前轮主销后倾角；后轮下控制臂一端装有偏心凸轮，松开螺栓，旋转凸轮可以调整后轮前束；上部的偏心凸轮用来调整车轮外倾角或前束；下部悬架上的拉杆可用来调整外倾角。

新知拓展

1. 光学电脑四轮定位仪

早期的定位测量工具由前束尺、外倾角、后倾角测量装置等构成。前束尺是通过测量左右两前轮之间前后距离的差值来测量前束的。它只能测量以长度单位表示的总前束值，不能测量单轮前束、退缩角、推进角等参数，而且测量精度有限。随着汽车技术的不断发展，其测量功能及精度远不能满足定位要求，于是渐渐就有了光学水准定位仪、拉线式四轮定位仪。

现在车轮定位测量设备更多是光学电脑四轮定位仪。光学电脑四轮定位仪主要包括激光四轮定位仪、CCD 四轮定位和超高清 3D 四轮定位仪（见图 5-4）等。其中超高清 3D 四轮定位仪是 3D 数码影像四轮定位仪的简称，采用了根据机器视觉技术而设计的照相机、先进的部件和计算机软件程序，从而使设备的使用和操作要比过去的四轮定位仪更容易、更简捷，从而提高了生产效率。

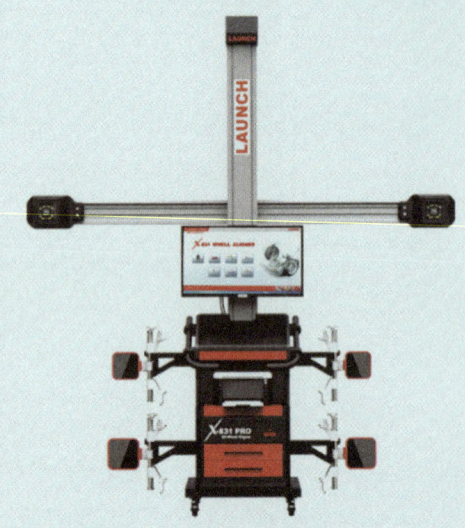

图 5-4 超高清 3D 四轮定位仪

项目一 行驶系统部件检查与维护

工单活页
05-02-01

"四轮定位检查与调整"操作工单

学校 _____ 姓名 _____ 学号 _____

车辆信息					
品牌		整车型号		生产年月	
发动机型号		发动机排量		行驶里程	
车辆识别码			轮胎型号		
油箱容积			燃油密度		

四轮定位检查与调整(上)

四轮定位检查与调整(下)

测量数据记录			
油表数值(用分数表示)		配重质量	
测量项目	实测值	标准数据	调整后
左前胎压			
右前胎压			
左后胎压			
右后胎压			

操作时间分配			
序号	维修工序描述	备注信息	工序编号任务周期时间/s
1	前期准备工作		310
2	输入基本信息,选择被测车辆信息		290
3	测量车辆四轮定位参数		570
4	调整车辆前轮前束		420
5	验证调整参数		100
6	工位复位		580
总时间			2270

汽车底盘常见项目检查与维护

思政

《四轮定位仪》是2017年12月1日实施的一项中国国家标准。该标准由TC247（全国汽车维修标准化技术委员会）归口上报及执行，主管部门为交通运输部。

操作步骤及作业要点

标识符号

✚	▲	■	★	○	!
安全	关键步骤	固定操作流程	质量检查	固定操作顺序	环境相关

标识符	序号	任务	步骤名称	标准工时/s	技术要点	潜在失效模式	完成与否
✚	1	前期准备工作	安装车轮挡块（左后车轮）	60	挡前后两个方向	安装不良会导致车辆前后移动	
■	2		检查转角盘和滑板是否在锁止状态	60	检查转角盘；检查滑板	固定销、滑板未锁止会导致车辆滑动	
▲★	3		检查车辆停放状态，必要时调整	30	检查前轮位置；检查车身周正	四轮定位仪无法识别车辆位置	
■	4		安装车内三件套	60	安装后防止脱落、破损	弄脏车辆	
■	5		检查转向盘位置，降下驾驶人侧车窗	30	检查转向盘；下降车窗	影响四轮定位参数	
▲★	6		检查并记录燃油表值	10	正确读数、计算配重，正确选择配重位置	影响四轮定位参数	
▲★	7		检查车辆载荷	60	检查车内异物；检查随车工具	影响四轮定位参数	

图解说明

1

2

3

4

5

6-1

6-2

7

项目一　行驶系统部件检查与维护

（续）

标识符	序号	任务	步骤名称	标准工时/s	技术要点	潜在失效模式	完成与否
■	8	输入基本信息，选择被测车辆信息	记录车辆型号VIN码和车辆生产日期	60	正确记录数据	无法选择被测车辆信息	
■	9		记录车辆的轮胎型号和胎压	30	正确记录数据	无法选择被测车辆信息	
■★	10		检查轮胎型号	40		影响四轮定位参数	
▲★	11		检查轮胎气压并记录，必要时调整	90	校准胎压表	车轮胎压不正确	
■○	12		在定位程序中输入操作人员编号和车辆VIN码	30	正确输入数据	无法选择被测车辆信息	
▲	13		完成车型数据选择	20		无法选择被测车辆信息	
■	14		将变速杆置于空挡位置	10	正确挂挡	车辆无法移动	
■	15		释放驻车制动杆	10		车辆无法移动	

思政

作为一名合格的汽修工，不仅要学会四轮定位的校验，还要虚心向经验丰富的师傅学习，熟练掌握手工技术和路试技巧。

图解说明

8-1

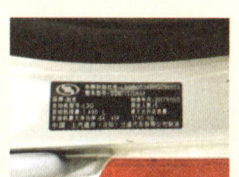
8-2

9-1

9-2

10

11-1

11-2

12

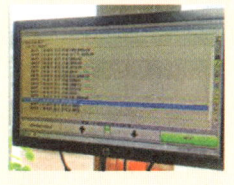
13

14

15

工单活页 05-02-04
汽车底盘常见项目检查与维护

（续）

标识符	序号	任务	步骤名称	标准工时/s	技术要点	潜在失效模式	完成与否
▲ ○	16	测量车辆四轮定位参数	安装卡具和标板	90	卡具和标板在轮轴中心位置对正；清洁轮辋；清洁卡具接触面；卡具和标板安装可靠	四轮定位仪无法识别车辆位置	
▲ !	17		前后制动车辆完成车轮补偿	60	如果定位仪无法识别，可适当举升车辆	四轮定位仪无法进入下一步	
✚ ★	18		实施驻车制动	10		车子移动，存在安全问题	
✚	19		使用制动锁顶住制动踏板位置传感器	30	制动灯点亮	车子移动，存在安全问题	
■	20		拔出转角盘和滑板固定销并取出垫板	60		车子无法自由转向	
▲	21		按照程序引导，进行定位测量	300	包括最大转向角	无法测量四轮定位参数	
▲	22		按照程序引导，在定位调整前使用转向盘锁锁住转向盘	20	转向盘对中	影响四轮定位参数	

图解说明

❶

❷

❸
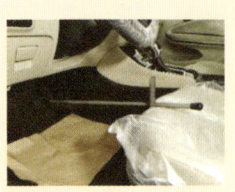
❹

❷⓿
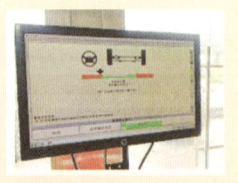
❷❶-1
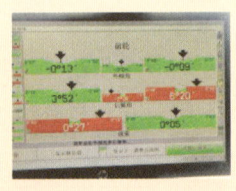
❷❶-2

❷❷

思政

烟台海德科技有限公司创建于1998年8月，是专业从事四轮定位仪和举升机产品的生产、研发、销售的高科技股份制企业，用专业化、系列化、配套化的职业理念打造国内四轮定位品牌。四轮定位仪产品现拥有小车定位仪、大车定位仪、专用车定位检测仪三大类，其中小车定位仪有激光和CCD两大系列。

（续）

标识符	序号	任务	步骤名称	标准工时/s	技术要点	潜在失效模式	完成与否
+	23		用大剪举升车辆至合适高度落锁	60	举升前安全检查	无法调整四轮定位参数	
					举升后落锁		
▲ ★	24	调整车辆前轮前束	调整前轮前束	360	用17mm、21mm扳手预松转向横拉杆螺母	前轮前束参数不正确	
					用13mm、17mm扳手调整前轮前束		
					查阅手册：转向横拉杆螺母紧固扭力矩60N·m		
					用17mm扳手、21mm开口预置式扭力扳手紧固转向横拉杆螺母		

图解说明

23

24-1

24-2

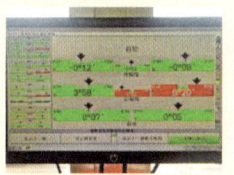
24-3

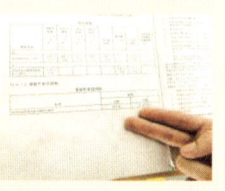
24-4

24-5

工单活页 05-02-06
汽车底盘常见项目检查与维护

（续）

标识符	序号	任务	步骤名称	标准工时/s	技术要点	潜在失效模式	完成与否
✚	25		降低大剪至合适位置落锁	60	下降前安全检查	存在安全问题	
▲★	26	验证调整参数	检测调整后的前轮前束	30		调整后的前轮前束不正确	
★	27		保存打印检测报告	10	存到指定文件夹	四轮定位参数无法校对	
◼	28		定位仪程序复位	10		影响定位仪下一次使用	
◼	29	工位复位	取下标板和卡具并放回初始位置	90	按要求摆放	影响定位仪下一次使用	
◼	30		拆除转向盘锁和制动锁，并放回原始位置	30	轻拿轻放	影响车辆使用	

图解说明

㉕

㉖

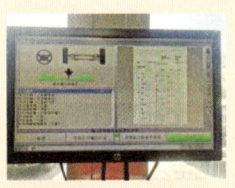
㉗-1

㉗-2

㉘

㉙-1

㉙-2

㉚

项目一 行驶系统部件检查与维护

（续）

标识符	序号	任务	步骤名称	标准工时/s	技术要点	潜在失效模式	完成与否
✚	31	工位复位	举升小剪，使车辆悬空	60	检查举升块位置	存在安全问题	
◼	32		插入转角盘和后滑板的固定销，复位垫板	60	摇晃、检查复位情况	车辆停放不稳定	
✚	33		降低小剪，缓慢回落	60	下降前安全检查	存在安全问题	
✚	34		降低大剪，缓慢回落	30	下降前安全检查	存在安全问题	
✚★	35		使车辆恢复到初始状态	90	关点火开关、取出配重、放回原来车内的物品	未关点火开关导致车辆存在安全问题	
◼	36		取出车内三件套，升起车窗，关闭车门（不锁）	30	车内三件套放入可回收垃圾桶	影响车辆使用	
○	37		取出举升块和挡块，并放回初始位置	60		挡块会阻碍车辆行驶	
!	38		清洁场地	60	垃圾分类	未清洁会使场地脏乱	

图解说明

❸❶

❸❷

❸❸

❸❹

❸❺

❸❻

❸❼

❸❽

工单活页 05-02-08 汽车底盘常见项目检查与维护

姓名：　　　　　　准考证号：　　　　　　身份证号码：

考试开始时间：　　　　　考试结束时间：　　　　　总计（分）：

考核任务五：四轮定位检查与调整【考核评分表】

✚	▲	▢	★	◯	！	🔧
安全	关键步骤	固定操作流程	质量检查	固定操作顺序	环境相关	职业素养

评分项		评分标准	配分	扣分
情意面 （规范作业） （职业精神）	✚ ▲ ▢ ！ 🔧 🔧	☐ 1. 规范作业： 　☐ 1.1 检查作业所需要工具设备是否完备（1分） 　☐ 1.2 检查作业环境是否配备灭火器（1分） 　☐ 1.3 检查举升机举升情况是否正常（1分） 　☐ 1.4 正确安装车辆举升块（1分） 　☐ 1.5 正确安装车内三件套（1分） 　☐ 1.6 正确安装车轮挡块（1分） 　☐ 1.7 使用工具前对工具量具进行校准（1分） 　☐ 1.8 使用工具后对工具量具进行清洁（1分） 　☐ 1.9 作业完成后对工具进行复位（1分） 　☐ 1.10 作业过程做到油液不落地（1分） 　☐ 1.11 作业过程做到水液不落地（1分） 　☐ 1.12 作业过程做到工具不落地（1分） ☐ 2. 职业精神： 　☐ 2.1 作业过程服装到位（2分） 　☐ 2.2 作业过程严谨操作（2分） 　☐ 2.3 作业过程认真负责（2分） 　☐ 2.4 作业过程守法遵规（2分）	20	
技能面 （应用技能） （操作技能）	✚ ▢ ▲ ★ ▢ ▢ ▲ ★	☐ 1. 安装车轮挡块（左后车轮）（1分） ☐ 2. 检查转角盘和滑板是否在锁止状态： 　☐ 2.1 检查转角盘（0.5分） 　☐ 2.2 检查滑板（0.5分） ☐ 3. 检查车辆停放状态，必要时调整： 　☐ 3.1 检查前轮位置（0.5分） 　☐ 3.2 检查车身周正（0.5分） ☐ 4. 安装车内三件套（1分） ☐ 5. 检查转向盘位置，降下驾驶人侧车窗（1分） ☐ 6. 检查并记录燃油表值： 　☐ 6.1 正确读数（0.5分） 　☐ 6.2 计算配重（0.5分） 　☐ 6.3 正确选择配重位置（1分）	50	

(续)

评分项		评分标准	配分	扣分
技能面 （应用技能） （操作技能）	▲★	□ 7. 检查车辆载荷： 　　□ 7.1 检查车内异物（0.5分） 　　□ 7.2 检查随车工具（0.5分）	50	
	■	□ 8. 记录车辆型号 VIN 码和车辆生产日期（1分）		
	■	□ 9. 记录车辆的轮胎型号和胎压（1分）		
	■★	□ 10. 检查轮胎型号（1分）		
	★▲	□ 11. 检查轮胎气压并记录，必要时调整： 　　□ 11.1 校准胎压表（0.5分） 　　□ 11.2 正确读数（0.5分） 　　□ 11.3 调整轮胎气压（1分）		
	■○	□ 12. 在定位程序中输入操作人员编号和车辆 VIN 码（1分）		
	▲	□ 13. 完成车型数据选择（1分）		
	■	□ 14. 将变速杆置于空档位置（1分）		
	■	□ 15. 释放驻车制动杆（1分）		
	▲○	□ 16. 安装卡具和标板： 　　□ 16.1 卡具和标板在轮轴中心位置对正（1分） 　　□ 16.2 清洁轮辋、卡具接触面（1分） 　　□ 16.3 卡具和标板安装可靠（1分）		
	▲！	□ 17. 前后推动车辆完成车轮补偿（1分）		
	＋★	□ 18. 实施驻车制动（1分）		
	＋	□ 19. 使用制动锁顶住制动踏板位置传感器（1分）		
	■	□ 20. 拔出转角盘和滑板固定销并取出垫板（1分）		
	▲	□ 21. 按照程序引导，进行定位测量（4分）		
	▲	□ 22. 按照程序引导，在定位调整前使用转向盘锁锁住转向盘；转向盘对中（1分）		
	＋	□ 23. 用大剪举升车辆至合适高度落锁： 　　□ 23.1 举升前安全检查（0.5分） 　　□ 23.2 举升后落锁（0.5分）		
	▲★	□ 24. 调整前轮前束： 　　□ 24.1 查阅技术手册（1分） 　　□ 24.2 正确选用拆装工具（1分） 　　□ 24.3 正确调整前束（1分） 　　□ 24.4 紧固力矩 60N·m（1分）		
	＋	□ 25. 降低大剪至合适位置落锁： 　　□ 25.1 下降前安全检查（0.5分） 　　□ 25.2 下降至合适高度后落锁（0.5分）		
	▲★	□ 26. 检测调整后的前轮前束（1分）		
	★	□ 27. 保存打印检测报告（1分）		
	■	□ 28. 定位仪程序复位（2分）		
	■	□ 29. 取下标板和卡具并放回初始位置（1分）		
	■	□ 30. 拆除转向盘锁和制动锁，并放回原始位置（1分）		
	＋	□ 31. 举升小剪，使车辆悬空： 　　□ 31.1 正确放置举升块（0.5分） 　　□ 31.2 中途检查举升块位置（0.5分）		
	■	□ 32. 插入转角盘和后滑板的固定销，复位垫板（1分）		

（续）

（续）

评分项		评分标准	配分	扣分
技能面 （应用技能） （操作技能）	✚ ✚ ✚★ ■ ○ ！	□ 33. 降低小剪，缓慢回落：安全检查（1分） □ 34. 降低大剪，缓慢回落：安全检查（1分） □ 35. 使车辆恢复到初始状态： 　　□ 35.1 关点火开关（1分） 　　□ 35.2 取出配重（0.5分） 　　□ 35.3 放回原来车内的物品（0.5分） □ 36. 取出车内三件套，升起车窗，关闭车门（不锁）： 　　车内三件套放入可回收垃圾桶（1分） □ 37. 取出举升块和挡块，并放回初始位置（1分） □ 38. 清洁场地（1分）	50	
信息面 （信息录入） （资料应用） （资讯检索）	🔧 🔧 🔧 🔧	□ 1. 能正确使用维修手册查询资料： 　　□ 1.1 油箱容积（2分） 　　□ 1.2 前束调整的扭力值（2分） □ 2. 能在规定时间内查询所需资料（2分） □ 3. 能正确记录所查询资料章节页码（2分） □ 4. 能正确记录所需维修信息（2分）	10	
工具及设备使用 （工具使用） （设备使用） （软件使用）	🔧 🔧 🔧	□ 1. 能正确选用维修工具（2分） □ 2. 能正确使用四轮定位仪（6分） □ 3. 能正确使用举升机（2分）	10	
诊断面 （诊断分析） （检测分析） （调校分析）	🔧 🔧 🔧 🔧	□ 1. 能判断车辆配重情况（2分） □ 2. 能判断车辆胎压情况（2分） □ 3. 能判断车辆四轮定位参数偏差（4分） □ 4. 能判断车辆参数调整情况（2分）	10	
总计			100	

评分员：＿＿＿＿＿＿＿

评价活页 05-03-04　汽车底盘常见项目检查与维护

项目二

转向系统部件检查与维护

任务六 电控转向系统检查与维护

任务情境

车主描述

别克威朗 2018 款 20T 双离合豪华型轿车，车辆购置时间为 2018 年 8 月，行驶里程为 40000km 时来店做过常规维护，但最近发现转弯时或驻车原地转向时有异响，尤其是汽车起动时，转动转向盘声音明显。车主要求 4S 店仔细检查一下，恢复车辆技术状况。

任务描述

根据车主提供的信息，基本可以判断问题出在车辆转向系统上，可能是转向系统零部件异常磨损或转向管路泄漏造成车辆转向能力下降、转向异响等故障现象。因此，要解决这个问题，首先需要起动车辆看故障指示灯，并对相关核心零部件进行必要的检测作业。

学习任务

序号	任务名称	任务类型
1	检查转向盘	检查
2	检查转向系统漏油情况	检查、调整
3	检查并调整核心部件紧固螺栓	检查、调整
4	转向位置学习	调整

学习目标

1. 掌握转向盘的常规检查方法。
2. 知道转向系统易漏油部位及原因。
3. 会正确检查转向横拉杆、转向球头、转向器等核心零部件。
4. 能够正确使用工具调整紧固螺栓力矩。
5. 能正确使用GDS对转向位置学习。
6. 能认识到转向系统对安全驾驶的重要意义,在操作过程体现职业核心素养。

信息搜集

理论必知

1. 转向系统的组成及作用

机械转向系统一般由转向操纵机构、转向器和转向传动装置三部分组成,一般动力转向系统除上述装置外还包括转向助力装置,具体组成如图6-1所示。

转向系的作用是用来改变或保持汽车行驶或倒退方向。汽车转向系统的功能就是按照驾驶人的意愿控制汽车的行驶方向。汽车转向系统对汽车的行驶安全至关重要,因此汽车转向系统的零件都称为保安件。

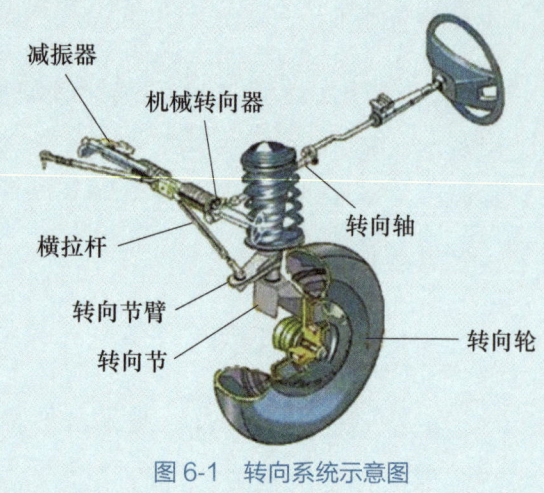

图 6-1 转向系统示意图

2. 转向系统工作原理

汽车在行驶的过程中,需按驾驶人的意志改变其行驶方向。实现汽车转向的方法是,驾驶人通过一套专设的机构,使汽车转向桥(一般是前桥)上的车轮(转向轮)相对于汽车纵横线偏转一定角度,这一套用来改变或恢复汽车行驶方向的专设机构,即称为汽车转向系统。

电控转向系统的工作原理是:当操纵转向盘时,装在转向盘轴上的转矩传感器不断地测出转向轴上的转矩信号,该信号与车速信号同时输入到电控单元。电控单元根据这些输入信号,确定助力转矩的大小和方向,即选定电动机的电流和转向，调整转向辅助动力的大小。电动机的转矩由电磁离合器通过减速机构减速增矩后，加在汽车的转向器构上，使之得到一个与汽车工况相适应的转向作用力。

3. 电控转向系统的主要优点

电控转向系统的优点：降低车辆燃油消耗、回正性能好、易于维护等。因此，电控转向系统可以显著降低车辆的燃油消耗。车辆使用的传统液压转向系统是由发动机带动转向助力泵工作的，不管是转向还是不转向，基本都要消耗一部分发动机的动力，而电控转向系统仅仅是在转向时才由电动机供给助力，不转向时不消耗能量。

4. 转向系统的检查与维护

针对转向系统出现的故障现象，首先对汽车转向盘进行检查，冷车状态下转动转向盘，检测转向盘是否能正常转动，转动是否有异响。起动车辆，观察仪表盘有无故障指示灯点亮；转动转向盘，检查转向盘能否正常转动，转向盘左右转动距离是否合适及有无异响。

举升车辆至合理位置，对转向系统易漏油部位进行检查，如转向器防尘套、转向器调整装置、转向横拉杆防尘套、转向横拉杆球头等部件。

最后对转向系统主要零部件进行检查，如检查外转向横拉杆、内转向横拉杆球头、滑柱轴承有无损坏、弯曲、松动，对各个紧固螺栓进行松紧度检查。

1. 主动式转向系统

主动式转向系统是在转向盘系统中装置了一套根据车速调整转向传动的变速器（图6-2）。这个系统包含了一个拳头般大小的行星齿轮，以及两根输入轴。其中一根输入轴连接到转向盘，另一根则通过螺旋齿轮，由电动机进行控制。当车速较低时，控制电动机与转向管柱同向转动，以增加转向角度；而当高速行驶时，控制电动机反向转动，从而减少转向角度。

2. 动态转向系统

动态转向系统是奥迪所使用的转向技术，结构如图6-3所示。从原理上

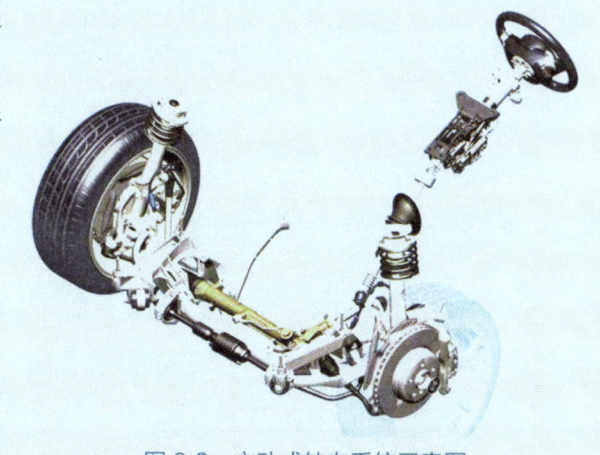

图6-2　主动式转向系统示意图

讲，动态转向系统依然是运用了叠加的原理，相比行星齿轮系统，奥迪的动态转向系统使用的谐波齿轮传动结构有诸多优点，首先是结构相对简单，没有过多复杂的齿轮结构，零件数少便于维修。其次是这种结构承载能力高，不娇气，传动比大；同时，它的运转平顺，噪声较低，这点对于看重静音的豪华车型来说非常适合；另外，这种结构传动效率高，且响应速度快，运转精度高。

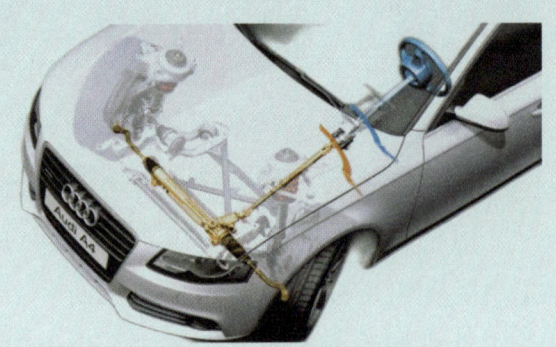

图 6-3　动态转向系统示意图

"电控转向系统检查与维护"操作工单

学校 _____ 姓名 _____ 学号 _____

电控转向系统
检查与维护

车辆信息					
品牌		整车型号		生产年月	
发动机型号		发动机排量		行驶里程	
车辆识别码					

测量数据记录			
序号	部件名称	检查情况	维修措施
		破损□ 老化□ 变形□ 松动□ 泄漏□ 正常□	
		破损□ 老化□ 变形□ 松动□ 泄漏□ 正常□	
		破损□ 老化□ 变形□ 松动□ 泄漏□ 正常□	
		破损□ 老化□ 变形□ 松动□ 泄漏□ 正常□	
测量项目	规格	标准数据	判定
外转向横拉杆紧固螺栓			正常□ 异常□
内转向横拉杆紧固螺栓			正常□ 异常□

操作时间分配			
序号	维修工序描述	备注信息	工序编号任务周期时间/s
1	准备工作		180
2	转向盘检查		330
3	转向系统漏油检查		210
4	转向系统检查		520
5	转向位置学习		350
6	恢复工作		150
	总时间		1740

操作步骤及作业要点

标识符号

+	▲	◼	★	○	!
安全	关键步骤	固定操作流程	质量检查	固定操作顺序	环境相关

标识符	序号	任务	步骤名称	标准工时/s	技术要点	潜在失效模式	完成与否
+	1	准备工作	车辆防护	180	安装车内三件套、车轮挡块、尾气抽排管	车辆冲出操作位置	
◼	2	转向盘检查	检查转向盘转动情况	60	左右转动超过1圈以上	转向盘损坏	
◼	3		起动车辆	20	起动时间不得超过5s	起动机损坏	
◼	4		检查仪表盘故障指示灯	20	仪表故障指示灯应点亮后熄灭	转向故障灯长亮	
▲★	5		标记转向盘位置	60	利用固定参照物标记转向盘原始位置	转向盘转向距离不同	
◼▲	6		检查转向盘转向距离	90	将转向盘往左右两个方向各转至不能转动	转向盘损坏	
◼▲	7		检查转向盘晃动情况	60	双手同时上下、左右晃动转向盘	转向盘损坏	
◼	8		车辆熄火	20	钥匙转至"关闭"位置		

图解说明

❶

❷

❸

❹

❺

❻

❼

❽

项目二　转向系统部件检查与维护

（续）

标识符	序号	任务	步骤名称	标准工时/s	技术要点	潜在失效模式	完成与否
■	9	转向系统漏油检查	安装举升挡块	60	放置位置正确、左右对称	车辆冲出操作位置	
✚■	10		举升车辆至合适位置	60	举至1人高左右	造成人员伤亡	
★	11		检查转向器防尘套	20	防尘套是否存在破损、漏油等情况	车辆转向异常	
★	12		检查转向器调整装置	20	转向器调整装置是否漏油	车辆转向异常	
★	13		检查转向横拉杆防尘套	20	防尘套是否存在破损、漏油等情况	车辆转向异常	
★	14		检查转向横拉杆球头	30	用手拉动以检查横拉杆球头是否松动	车辆转向异常	
▲	15	转向系统检查	检查外转向横拉杆	40	有无变形、弯曲等情况	转向横拉杆损坏	
▲★	16		检查外转向横拉杆紧固螺栓	120	检查螺栓标记是否对正，并使用扭力扳手按规定力矩进行紧固	螺栓损坏	

图解说明

⑨

⑩

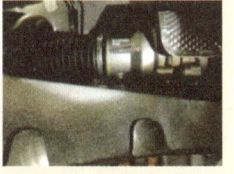
⑪

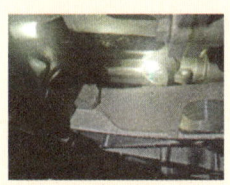
⑫

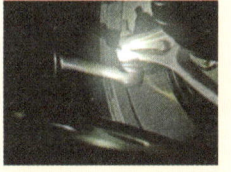
⑬

⑭

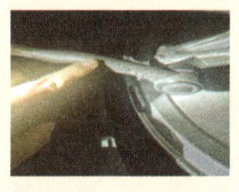
⑮

⑯

思政

自2015年以来，助力转向系统进口总额不断走低，国产替代趋势出现。国内转向系统厂商基于多年的技术积累，产品性能逐步提升，同时受益于原材料采购优势及配套企业响应速度较快等诸多因素影响，与国际厂商同台竞争的实力不断提升。

工单活页 06-02-04 汽车底盘常见项目检查与维护

(续)

标识符	序号	任务	步骤名称	标准工时/s	技术要点	潜在失效模式	完成与否
▲★	17	转向系统检查	检查内转向横拉杆球头	40	用手拉动以检查横拉杆球头是否松动	内转向横拉杆损坏	
★	18		检查内转向横拉杆紧固螺栓	120	检查螺栓标记是否对正,并使用扭力扳手按规定力矩进行紧固	螺栓损坏	
★	19		检查转向器至副车架紧固螺栓	120	检查螺栓标记是否对正,并使用扭力扳手按规定力矩进行紧固	螺栓损坏	
★	20		检查滑柱轴承	40	用手往里和往外旋转转向节		
✚ ◼	21	转向位置学习	降下举升机	40	车辆完全落回地面	造成人员伤亡	
◼	22		连接诊断接头	15	点火开关关闭时连接,连接好后打开点火开关,但不起动	线路损坏	
◼	23		打开GDS软件进入程序	10	选择GDS软件→诊断进入→模块诊断		
◼	24		进入动力转向控制模块	10	动力转向控制模块→配置/重置功能		

图解说明

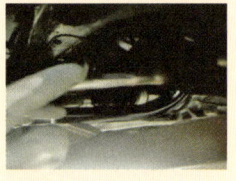
⑰

⑱

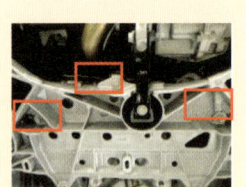
⑲

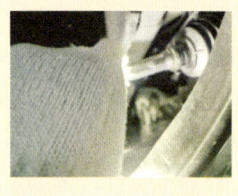
⑳

㉑

㉒

㉓

㉔

项目二 转向系统部件检查与维护

工单活页 06-02-05

（续）

标识符	序号	任务	步骤名称	标准工时/s	技术要点	潜在失效模式	完成与否
▲ ■	25	转向位置学习	转向盘角度传感器居中学习	150	按界面提示操作：前轮朝向正前方且转向盘居中；检查点火开关在打开状态，但不起动→关闭点火开关并取下钥匙；打开驾驶人侧车门，然后关闭→打开点火开关→步骤完成	数据学习失败	
▲ ■	26		检查转向盘转角数据流	15	转向盘居中时，转向盘转角是否在0°		
■	27		选择转向盘转角传感器模块	10	返回界面至模块选择		
■ ▲	28		转向盘角度传感器学习	120	按界面提示操作：使转向盘朝向正前方，且转向盘居中→关闭点火开关→打开点火开关→步骤完成	数据学习失败	
■	29	恢复工作	关闭GDS程序，整理诊断仪	30	关闭程序→关闭点火开关→拔出诊断接头	损坏诊断仪	
■	30		撤除车内三件套	30	三件套按规定要求进行处理		
■	31		车辆复位	90	撤除车轮挡块、尾气抽排管等		

图解说明

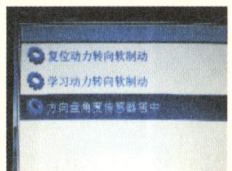
㉕

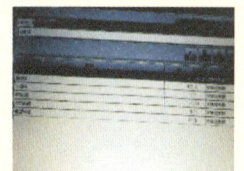
㉖

㉗

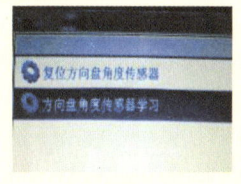
㉘

㉙

㉚

㉛

工单活页 06-02-06
汽车底盘常见项目检查与维护

姓名：　　　　准考证号：　　　　身份证号码：

考试开始时间：　　　　考试结束时间：　　　　总计（分）：

考核任务六：电控转向系统检查与维护【考核评分表】

＋	▲	◻	★	◯	！	🔧		
安全	关键步骤	固定操作流程	质量检查	固定操作顺序	环境相关	职业素养		
评分项			评分标准				配分	扣分
情意面 （规范作业） （职业精神）	＋ ▲ ◻ ！🔧 🔧		☐ 1. 规范作业： 　☐ 1.1 检查作业所需要工具设备是否完备（1分） 　☐ 1.2 检查作业环境是否配备灭火器（1分） 　☐ 1.3 检查举升机举升情况是否正常（1分） 　☐ 1.4 正确安装举升挡块（1分） 　☐ 1.5 正确安装车内三件套（1分） 　☐ 1.6 正确安装车轮挡块（1分） 　☐ 1.7 使用工具前对工具进行检查（1分） 　☐ 1.8 使用工具后对工具进行清洁（1分） 　☐ 1.9 作业完成后对工具进行复位（1分） 　☐ 1.10 作业过程做到油液不落地（1分） 　☐ 1.11 作业过程做到水液不落地（1分） 　☐ 1.12 作业过程做到工具不落地（1分） ☐ 2. 职业精神： 　☐ 2.1 作业过程服装到位（2分） 　☐ 2.2 作业过程严谨操作（2分） 　☐ 2.3 作业过程认真负责（2分） 　☐ 2.4 作业过程守法遵规（2分）				20	
技能面 （应用技能） （操作技能）	＋ ◻ ◻ ◻ ▲★ ◻▲ ◻▲ ◻ ◻		☐ 1. 车辆防护：安装车内三件套、车轮挡块、尾气抽排管（2分） ☐ 2. 检查转向盘转动情况：左右转动超过1圈以上（1分） ☐ 3. 起动车辆：起动时间不得超过5s（1分） ☐ 4. 检查仪表故障指示灯：仪表故障指示灯应点亮后熄灭（1分） ☐ 5. 标记转向盘位置：利用固定参照物标记转向盘原始位置（1分） ☐ 6. 检查转向盘转向距离：将转向盘往左右两个方向各转至不能转动（2分） ☐ 7. 检查转向盘晃动情况：双手同时上下、左右晃动转向盘（1分） ☐ 8. 车辆熄火：钥匙转至"关闭"位置（1分） ☐ 9. 安装举升挡块：放置位置正确、左右对称（1分）				50	

(续)

评分项		评分标准	配分	扣分
技能面 （应用技能） （操作技能）	✚ ▫	□ 10. 举升车辆至合适位置：举至1人高左右（1分）	50	
	★	□ 11. 检查转向器防尘套：防尘套是否存在破损、漏油等情况（2分）		
	★	□ 12. 检查转向器调整装置：转向器调整装置是否漏油（1分）		
	★	□ 13. 检查转向横拉杆防尘套：防尘套是否存在破损、漏油等情况（2分）		
	★	□ 14. 检查转向横拉杆球头：用手拉动以检查横拉杆球头是否松动（2分）		
	▲	□ 15. 检查外转向横拉杆：有无变形、弯曲等情况（1分）		
	▲★	□ 16. 检查外转向横拉杆紧固螺栓： □ 16.1 检查螺栓标记是否对正（1分） □ 16.2 使用扭力扳手按规定力矩进行紧固（2分）		
	▲★	□ 17. 检查内转向横拉杆球头：用手拉动以检查横拉杆球头是否松动（2分）		
	★	□ 18. 检查内转向横拉杆紧固螺栓： □ 18.1 检查螺栓标记是否对正（1分） □ 18.2 使用扭力扳手按规定力矩进行紧固（2分）		
	★	□ 19. 检查转向器至副车架紧固螺栓： □ 19.1 检查螺栓标记是否对正（1分） □ 19.2 使用扭力扳手按规定力矩进行紧固（2分）		
	★	□ 20. 检查滑柱轴承：用手往里和往外旋转转向节（2分）		
	✚ ▫	□ 21. 降下举升机：车辆完全落回地面（1分）		
	▫	□ 22. 连接诊断接头：需关闭点火开关连接，连好后再打开点火开关，车辆不起动（1分）		
	▫	□ 23. 打开 GDS 软件进入模块诊断界面（1分）		
	▫	□ 24. 正确进入动力转向控制模块（1分）		
	▲▫	□ 25. 转向盘角度传感器居中学习： □ 25.1 按照界面提示流程依次准确操作（2分） □ 25.2 确认前轮朝向正前方，转向盘居中（1分）		
	▲▫	□ 26. 学习好后需检查转向盘转角数据流（1分）		
	▫	□ 27. 选择转向盘转角传感器模块（1分）		
	▫▲	□ 28. 转向盘角度传感器学习： □ 28.1 按照界面提示流程依次准确操作（2分） □ 28.2 确认前轮朝向正前方，转向盘居中（1分）		
	▫	□ 29. 关闭 GDS 程序，收拾诊断仪：关闭点火开关后再拔诊断接头（1分）		
	▫	□ 30. 撤除车内三件套：三件套按规定要求进行处理（2分）		
	▫	□ 31. 车辆复位：撤除车轮挡块、尾气抽排管等（2分）		

(续)

评分项		评分标准	配分	扣分
信息面 （信息录入） （资料应用） （资讯检索）	🔧 🔧 🔧 🔧	□ 1. 能正确使用维修手册查询资料： 　　□ 1.1 查询转向系统转向盘检查项目（2分） 　　□ 1.2 查询转向系统漏油检查（2分） 　　□ 1.3 查询紧固螺栓紧固力矩（2分） □ 2. 能在规定时间内查询所需资料（1分） □ 3. 能正确记录所查询资料章节页码（1分） □ 4. 能正确记录所需维修信息（2分）	10	
工具及设备使用 （工具使用） （设备使用） （软件使用）	🔧 🔧 🔧 🔧 🔧	□ 1. 能正确选用维修工具（2分） □ 2. 能正确使用挡块（2分） □ 3. 能正确使用三件套（2分） □ 4. 能正确使用扭力扳手（2分） □ 5. 能正确使用举升机（2分）	10	
诊断面 （诊断分析） （检测分析） （调校分析）	🔧 🔧 🔧 🔧 🔧	□ 1. 能判断转向盘转动情况（2分） □ 2. 能判断转向系统漏油情况（2分） □ 3. 能判断外横拉杆、球头及紧固螺栓情况（2分） □ 4. 能判断内横拉杆、球头及紧固螺栓情况（2分） □ 5. 能判断转向器至副车架紧固螺栓及滑柱轴承情况（2分）	10	
总计			100	

评分员：＿＿＿＿＿＿＿＿

评价活页 06-03-04　汽车底盘常见项目检查与维护

项目二

转向系统部件检查与维护

任务七　动力转向系统部件更换

车主描述

通用别克威朗 2015 款 15S 自动进取型轿车，车辆行驶里程 9 万多 km，购买于 2015 年 11 月，目前车辆转向时出现异响，特别是在低速行驶转向时尤为明显。车主要求 4S 店仔细检查一下，恢复车辆技术状况。

任务描述

根据车主提供的信息，基本可以判断问题出在车辆转向系统上，可能是转向系统各部件之间磨损导致的间隙过大。通过举升车辆后进行底盘外观检查发现转向器护套存在破损，初步判断为转向器护套破损导致转向横拉杆润滑不良，需要更换转向器护套并对拉杆球头润滑后再做进一步确认。

学习任务

序号	任务名称	任务类型
1	拆卸、检查转向横拉杆	拆卸、检查
2	拆卸、检查转向器护套	拆卸、检查
3	安装转向器护套	装配
4	安装转向横拉杆	装配

学习目标

1. 会拆卸和安装转向横拉杆及转向器护套。
2. 知道转向器护套的清洁与检查方法。
3. 会正确使用卡箍等专用工具进行拆装。
4. 能够正确标记车轮前束位置。
5. 能够在操作过程中认识到职业素养要求,逐步树立劳动精神。

理论必知

1. 转向系统的作用

转向系统的作用是通过驾驶人转动转向盘,根据需要改变或保持汽车行驶方向。

2. 转向系统的分类

汽车转向系统按转向动力的不同,可分为机械式转向系统、液压式动力转向系统和电控式动力转向系统。

(1)机械式转向系统 机械式转向系统(图7-1)由转向操纵机构、转向器和转向传动机构三部分组成。汽车转向时,驾驶人作用于转向盘上的力,经过转向轴(转向柱)传到转向器,转向器将转向力放大后,又通过转向传动机构的传递,推动转向轮偏转,致使汽车行驶方向改变。机械式转向系统是由机械零部件构成的,汽车的转向完全由驾驶人所施加的操纵力来实现的,操纵较费力,劳动强度较大,但其具有结构简单、工作可靠、路感性好、维护方便等优点,多应用于中小型货车或乘用车上。

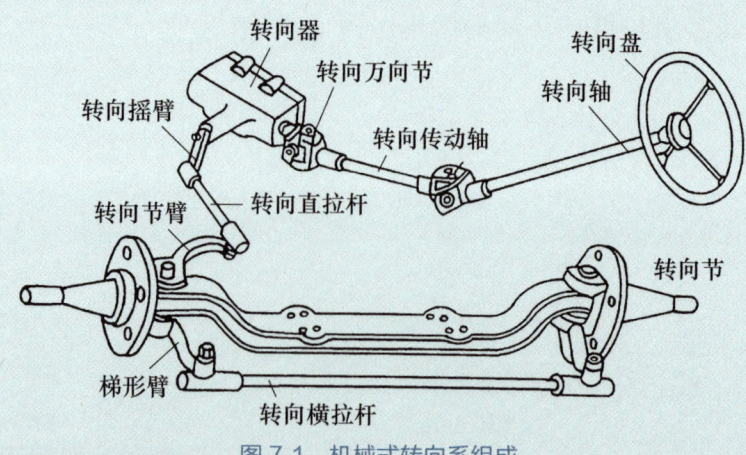

图7-1 机械式转向系组成

（2）液压式动力转向系统　液压式动力转向系统（图7-2），是在机械式转向系统的基础上，增加一套液压助力装置，包括转向控制阀、转向油泵、转向动力缸等部件。当汽车转向时，由发动机驱动的油泵产生高压油，高压油在控制阀的作用下，进入动力油缸推动转向轮偏转。这时作用在转向盘的作用力就很小，从而减轻了驾驶人的劳动强度。液压式动力转向系统操纵轻便，灵活省力，维护简单。目前，广泛应用于高速乘用车和重型货车上。

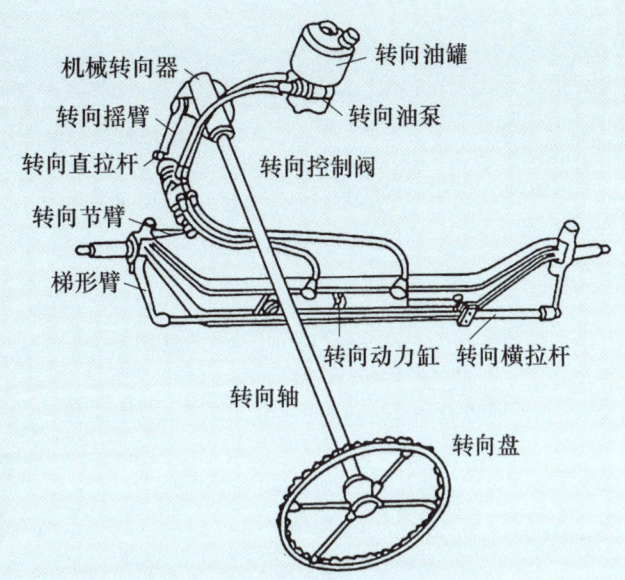

图7-2　液压式动力转向系统组成

（3）电控式动力转向系统　电控式动力转向系统（图7-3），是现代科学技术发展的产物。它由电控单元（ECU）、电源、电动机、转向齿轮和转向传感器组成。当汽车转向时，电控单元根据传感器检测的转向力矩及转向速度等参数，计算出最佳作用力后，使电动机工作，推动转向，减轻驾驶人的劳动强度。电控式动力转向系统具有节能、无需油压管路系统，不直接消耗发动机功率、环保优势强、安装自由度大等优点。但电能动力不如液压动力大，目前只用于前轴负荷较小的乘用车上。

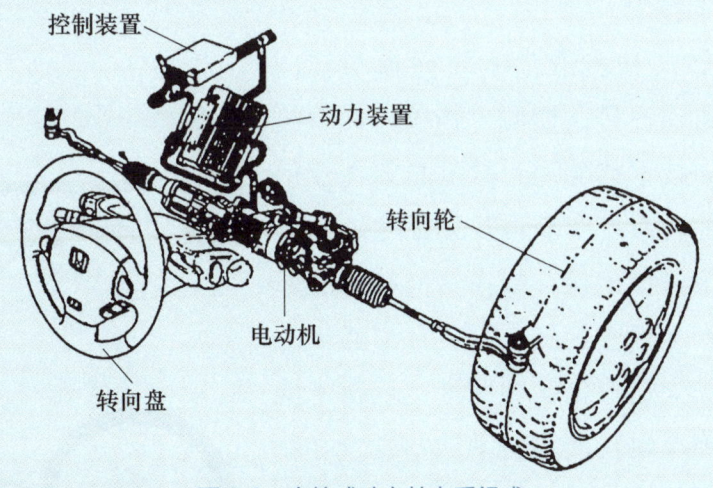

图7-3　电控式动力转向系组成

3. 转向系统常见故障现象及原因分析

转向系统常见故障现象及原因分析见表7-1。

表 7-1　转向系统常见故障现象及原因分析

故障现象	现象描述	原因分析	故障可能原因
转向跑偏	汽车直线行驶时，转向轮自动转向一侧使汽车跑偏	汽车左右两轮行驶阻力不同，或动力转向系统有偏向一侧助力的趋势	① 前轮定位不当 ② 转向轮球头松动 ③ 转向杆出现扭曲变形或过多磨损 ④ 转向器内的齿条预紧度失调 ⑤ 转向盘回正不良，转向盘抖动或打手
转向摇摆	汽车在行驶时，出现方向不稳、来回摆头或转向盘发抖的现象	转向系统各部件之间存在磨损间隙或助力液压系统中存在故障	① 转向车轮动不平衡 ② 转向器构机件松旷 ③ 前轮定位失准 ④ 动力转向系统油液不足 ⑤ 液压动力转向系统中存在空气
转向沉重	车辆转向时，转动方向猛，感觉沉重费力，且转弯后又不能及时回正方向	转向器与转向联动机构技术状态不佳，液压转向助力系统存在故障都可能导致转向沉重	① 液压动力转向系统中存在空气 ② 液压动力转向系统中油液不足或滤网堵塞 ③ 转向器密封不良 ④ 轮胎气压不足 ⑤ 前轮定位失准
有异响或不起作用	车辆转向时，在转向系统各部件之间出现异常响声	机械结构之间的间隙或者液压系统中的冲击等都有可能产生异响	① 转向液压助力器有冲击声响时，多为齿轮啮合间隙过大 ② 转向时油泵发出噪声或不起作用，可能是液压系统渗入空气，液压回路或滤网堵塞，接头松动，油管破裂，油泵损坏等原因导致的 ③ 转向系统金属部件之间有异响，可能是转向系统内部清洁度差，造成定子、转子、分油盘、球头之间磨损过大

新知拓展

1. 线控转向技术

汽车线控转向技术取消了转向盘与转向轮之间的传统机械连接，摆脱了传统转向系统限制。线控转向技术能够通过数据总线传递信号，并从转向控制系统中获取反馈命令。由于去除了转向柱等机械连接，线控转向技术能够大幅提高汽车安全驾驶性能，避免在交通事故中转向柱对驾驶人造成伤害。此外，该技术能够减少过弯或停车时转向盘转动的角度，并获得更好的直线行驶体验。在行驶过程中，驾驶人的道路体验通过模拟生成，转向盘向驾驶人提供的信息更加精确，对于行驶路况也能够进行有效反馈，具体结构如图 7-4 所示。

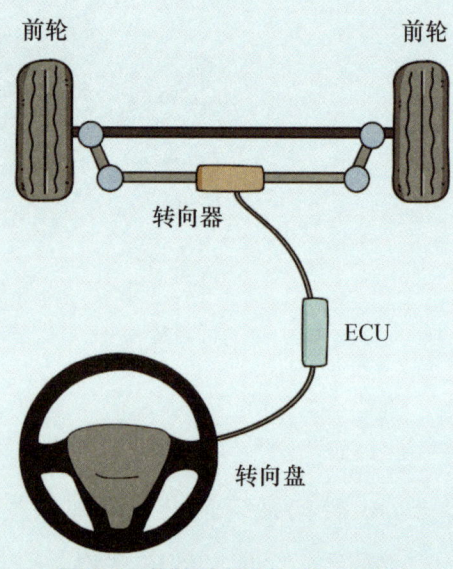

图 7-4　线控转向系统结构示意图

汽车线控转向系统的特点如下：

① 提高汽车安全性能。去除了转向柱等机械连接，完全避免了撞车事故中转向柱对驾驶人的伤害；智能化的 ECU 根据汽车的行驶状态判断驾驶人的操作是否合理，并做出相应的调整；当汽车处于极限工况时，能够自动对汽车进行稳定控制。

② 改善驾驶特性，增强操纵性。基于车速、牵引力控制以及其他相关参数的转向比率（转向盘转角和车轮转角的比值）不断变化，低速行驶时，转向比率低，可以减少转弯或停车时转向盘转动的角度；高速行驶时，转向比率变大，获得更好的直线行驶条件。

③ 改善驾驶人的路感。由于转向盘和转向车轮之间无机械连接，驾驶人"路感"通过模拟生成。可以从信号中提出最能够反映汽车实际行驶状态和路面状况的信息，作为转向盘回正力矩的控制变量，使转向盘仅向驾驶人提供有用信息，从而为驾驶人提供更为真实的"路感"。

2. 车道保持辅助系统

车道保持辅助系统（LKA）（图7-5）属于智能驾驶辅助系统中的一种，它可以在车道偏离预警系统的基础上对转向系统进行控制，辅助车辆保持在本车道内行驶。

车道保持辅助系统会持续监测车辆相对于道路标线的位置。如果车辆偏离车道中央，且系统没有检测到明显的车道变更操作和方向指示灯的使用，车道保持辅助系统将通过施加转向盘转矩来帮助驾驶人将车辆保持在当前车道中。该警示会由显示在仪表盘信息中心上的图形警告予以加强，图形警告用于在车辆将要驶过车道标志的左侧或右侧时通知驾驶人。

车道保持辅助系统由图像处理模块、防抱死制动系统控制模块、动力转向控制模块、仪表盘、转向盘模块、车身控制模块/网关模块、动力传动系统控制模块等组成。

 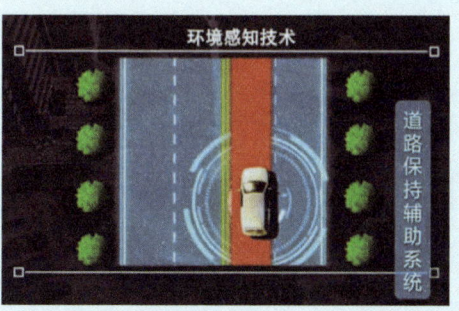

图7-5 车道保持辅助系统工作示意图

知识活页
07-01-06　汽车底盘常见项目检查与维护

"动力转向系统部件更换"操作工单

学校 _____ 姓名 _____ 学号 _____

车辆信息				
品牌		整车型号		生产年月	
发动机型号		发动机排量		行驶里程	
车辆识别码					

操作数据记录

更换内容：左侧转向横拉杆☐ 转向器左侧护套☐ 右侧转向横拉杆☐ 转向器右侧护套☐

项目内容	情况记录	判定
检查内转向横拉杆		正常☐ 异常☐
检查外转向横拉杆		正常☐ 异常☐
检查转向器保护套		正常☐ 异常☐
记录外转向横拉杆螺纹圈数		正常☐ 异常☐

操作时间分配

序号	维修工序描述	备注信息	工序编号任务周期时间/s
1	拆卸、检查转向横拉杆	单侧	420
2	拆卸、检查转向器护套	单侧	330
3	安装转向器护套	单侧	450
4	安装转向横拉杆	单侧	390
	总时间		1590

动力转向系统部件更换

工单活页
07-02-02 汽车底盘常见项目检查与维护

操作步骤及作业要点

标识符号					
✚	▲	◼	★	○	!
安全	关键步骤	固定操作流程	质量检查	固定操作顺序	环境相关

标识符	序号	任务	步骤名称	标准工时/s	技术要点	潜在失效模式	完成与否
			拆下左前车轮		参考：车轮拆卸技能操作		
◼	1	拆卸、检查转向横拉杆	举升车辆至一人高度	60	正确规范使用举升机，保证安全	车辆倾斜、掉落	
◼ ▲	2		标记内转向横拉杆螺母位置	30	用记号笔标记螺母与螺杆之间的相对位置	前束角失效	
◼	3		预松并拆卸转向横拉杆螺母	90	正确使用工具	损坏横拉杆球头	
◼ ★	4		将外转向横拉杆从转向节上脱开	120	使用专用工具或橡胶锤，不能损伤螺栓	损坏横拉杆螺栓	
◼ ★	5		检查内转向横拉杆是否弯曲或螺纹受损	30	正确判定是否存在弯曲或受损	转向异常	
◼	6		松开内转向横拉杆螺母	30	不能擦除螺母上的记号	转向横拉杆损坏	
★	7		拆卸外转向横拉杆	60	记录拆卸时的总圈数	转向横拉杆损坏	
◼	8		拆卸内转向横拉杆螺母	30	不能擦除螺母上的记号	螺母丢失	

图解说明

❶ _____

❷ _____

❸ _____

❹ _____

❺ _____

❻ _____

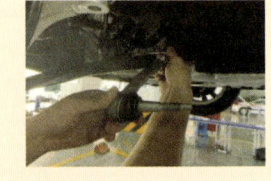

❼ _____

❽ _____

工单活页 07-02-03

项目二 转向系统部件检查与维护

（续）

标识符	序号	任务	步骤名称	标准工时/s	技术要点	潜在失效模式	完成与否
■	9	拆卸、检查转向器保护套	拆下转向器外护套卡箍	60	使用专用卡箍钳	卡箍损坏	
▲	10		标记内护套卡箍的安装位置	30	使用记号笔进行位置标记	保护套漏油	
■	11		松开转向器内护套卡箍	60	使用一字螺钉旋具撬开	损坏橡胶保护套	
■ ★	12		拆下转向器护套	60	规范拆下，切勿损伤橡胶保护套	损坏橡胶保护套	
■	13		取下转向器内护套卡箍	30			
■ ★	14		检查内转向横拉杆是否有明显的腐蚀或者污染	60	先清除旧润滑脂	转向异常	
▲ ■	15	安装转向器保护套	将卡箍安装在转向器护套的内侧	30	使用新卡箍，先不要拧紧	保护套漏油	
▲ ■	16		涂抹润滑脂	60	将维修组件内的润滑脂涂到标识位置	转向异常	

图解说明

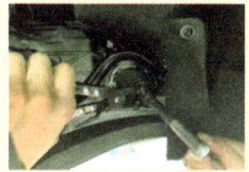
⑨

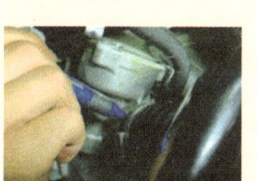
⑩

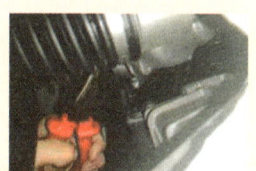
⑪

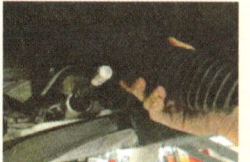
⑫

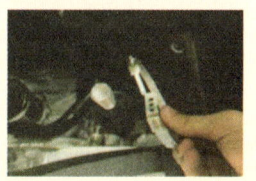
⑬

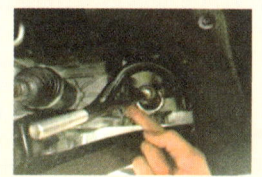
⑭

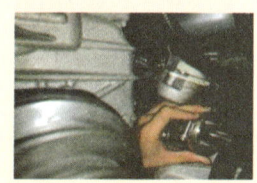
⑮

⑯

思政

株洲易力达机电有限公司是中航工业南方集团、南方宇航控股，专业从事汽车电动助力转向器（EPS）研发、生产、销售和服务，是EPS行业标准起草单位，被认定为国家"软件企业"，其EPS被列入国家火炬计划。

(续)

标识符	序号	任务	步骤名称	标准工时/s	技术要点	潜在失效模式	完成与否
■★	17	安装转向器保护套	安装转向器保护套	60	护套必须位于转向器上正确的凹槽内	转向器泄漏	
★	18		调整保护套内卡箍位置	60	将护套卡箍调节至转向器上标记的位置，确保正确的安装位置	转向器泄漏	
■★	19		紧固转向器保护套内卡箍	120	使用一字螺钉旋具拧紧	转向器泄漏	
■	20		安装转向器保护套外卡箍	120	使用专用卡箍钳安装到指定位置	转向器泄漏	
■	21	安装转向横拉杆	安装内转向横拉杆螺母	30	拧至标记位置	前束角不合格	
■	22		安装外转向横拉杆	60	严格参照拆卸时的圈数	前束角不合格	
▲	23		连接外转向横拉杆球头与转向节	60	使用专用工具或用橡胶锤敲击	球头损坏	
▲★	24		紧固转向横拉杆螺母	150	更换使用新螺母按规定力矩进行紧固	转向异响	
▲★	25		调节内转向横拉杆螺母位置	30	调整至原记号对准位置	前束角不合格	
▲★	26		紧固内转向横拉杆螺母	60	按规定力矩进行紧固	转向异常	

图解说明

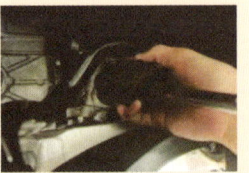
⑰

⑱

⑲

⑳

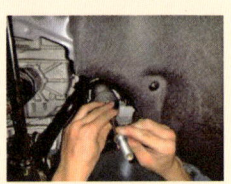
㉑

㉒

㉓

㉔

㉕

㉖

项目二　转向系统部件检查与维护

评价活页
07-03-01

姓名：　　　　　准考证号：　　　　　身份证号码：

考试开始时间：　　　　　考试结束时间：　　　　　总计（分）：

考核任务七：动力转向系统部件更换【考核评分表】

＋	▲	▢	★	○	！	🔧
安全	关键步骤	固定操作流程	质量检查	固定操作顺序	环境相关	职业素养

评分项		评分标准	配分	扣分
情意面 （规范作业） （职业精神）	＋ ▲ ▢ ！ 🔧	☐ 1. 规范作业： 　☐ 1.1 检查作业所需要工具设备是否完备（1分） 　☐ 1.2 检查作业环境是否配备灭火器（1分） 　☐ 1.3 检查举升机举升情况是否正常（1分） 　☐ 1.4 正确安装车辆翼子板布（1分） 　☐ 1.5 正确安装车内四件套（1分） 　☐ 1.6 正确安装车轮挡块（1分） 　☐ 1.7 使用工具前对工具量具进行校准（1分） 　☐ 1.8 使用工具后对工具量具进行清洁（1分） 　☐ 1.9 作业完成后对工具进行复位（1分） 　☐ 1.10 作业过程做到油液不落地（1分） 　☐ 1.11 作业过程做到水液不落地（1分） 　☐ 1.12 作业过程做到工具不落地（1分）	20	
	🔧	☐ 2. 职业精神： 　☐ 2.1 作业过程服装到位（2分） 　☐ 2.2 作业过程严谨操作（2分） 　☐ 2.3 作业过程认真负责（2分） 　☐ 2.4 作业过程守法遵规（2分）		
技能面 （应用技能） （操作技能）	▢	☐ 1. 举升车辆至一人高度：正确规范使用举升机，保证安全（2分）	50	
	▢▲	☐ 2. 标记内转向横拉杆螺母位置：标记螺母与螺杆之间的相对位置（2分）		
	▢	☐ 3. 预松并拆卸转向横拉杆螺母：正确使用工具（2分）		
	▢★	☐ 4. 将外转向横拉杆从转向节上脱开： 　☐ 14.1 使用专用工具或橡胶锤（1分） 　☐ 14.2 不能损伤螺栓（1分）		
	▢★	☐ 5. 检查内转向横拉杆是否弯曲或螺纹受损：能正确判定是否存在弯曲或受损（1分）		
	▢	☐ 6. 松开内转向横拉杆螺母：不能擦除螺母上的记号（2分）		
	★	☐ 7. 拆卸外转向横拉杆：记录拆卸时的总圈数（2分）		

(续)

评分项		评分标准	配分	扣分
技能面 （应用技能） （操作技能）	□	□ 8. 拆卸内转向横拉杆螺母：不能擦除螺母上的记号（2分）	50	
	□	□ 9. 拆下转向器外护套卡箍：用专用卡箍钳（2分）		
	▲	□ 10. 标记内护套卡箍的安装位置：使用记号笔进行位置标记（2分）		
	□	□ 11. 松开转向器内护套卡箍：用一字螺钉旋具撬开（2分）		
	□ ★	□ 12. 拆下转向器护套：切勿损伤橡胶保护套（2分）		
	□	□ 13. 取下转向器内护套卡箍（1分）		
	□ ★	□ 14. 检查内转向横拉杆是否有腐蚀或者污染： 　□ 14.1 先清除旧润滑脂（1分） 　□ 14.2 能正确判定（1分）		
	▲ □	□ 15. 将卡箍安装在转向器护套的内侧：使用新卡箍，先不要拧紧（1分）		
	▲ □	□ 16. 涂抹润滑脂：将维修组件内的润滑脂涂到标识位置（2分）		
	□ ★	□ 17. 安装转向器保护套：护套必须位于转向器上正确的凹槽内（2分）		
	★	□ 18. 调整保护套内卡箍位置：将护套卡箍调节至转向器上标记位置，确保正确的安装位置（2分）		
	□ ★	□ 19. 紧固转向器保护套内卡箍：将使用一字螺钉旋具拧紧（2分）		
	□	□ 20. 安装转向器保护套外卡箍：使用专用卡箍钳安装到指定位置（2分）		
	□	□ 21. 安装内转向横拉杆螺母：拧至标记位置（2分）		
	□	□ 22. 安装外转向横拉杆：严格参照拆卸时的圈数（2分）		
	▲	□ 23. 连接外转向横拉杆球头与转向节：使用专用工具或用橡胶锤敲击（2分）		
	▲ ★	□ 24. 紧固转向横拉杆螺母： 　□ 24.1 更换使用新螺母（1分） 　□ 24.2 第一遍力矩：35N·m，第二遍力矩：30~45°（2分）		
	▲ ★	□ 25. 调节内转向横拉杆螺母位置：调整至原记号对准位置（2分）		
	▲ ★	□ 26. 紧固内转向横拉杆螺母：紧固力矩：60N·m（2分）		
信息面 （信息录入） （资料应用） （资讯检索）	🔧	□ 1. 能正确使用维修手册查询资料： 　□ 1.1 查询转向器护套更换流程（2分） 　□ 1.2 查询内、外横拉杆螺母力矩（2分） 　□ 1.3 查询车轮紧固螺栓力矩（2分）	10	
	🔧	□ 2. 能在规定时间内查询所需资料（1分）		
	🔧	□ 3. 能正确记录所查询资料章节页码（1分）		
	🔧	□ 4. 能正确记录所需维修信息（2分）		

（续）

评分项		评分标准	配分	扣分
工具及设备使用 （工具使用） （设备使用） （软件使用）	🔧 🔧 🔧 🔧 🔧	□ 1. 能正确选用维修工具（2分） □ 2. 能正确使用预置式扭力扳手（2分） □ 3. 能正确使用护套卡箍钳（2分） □ 4. 能正确使用角度测量仪（2分） □ 5. 能正确使用举升机（2分）	10	
诊断面 （诊断分析） （检测分析） （调校分析）	🔧 🔧 🔧 🔧	□ 1. 能判断内转向横拉杆情况（2分） □ 2. 能判断横拉杆球头松动情况（2分） □ 3. 能判断转向器护套情况（2分） □ 4. 能判断车轮前束情况（4分）	10	
总计			100	

评分员：_____

评价活页 07-03-04　汽车底盘常见项目检查与维护

	检查、调整
	装配
	检查、调整

项目三

传动系统部件检查与维护

任务八 半轴检查与更换

任务情境

车主描述

上汽通用别克威朗 2018 款 15S 自动领先型轿车，车辆购置时间为 2018 年 8 月，行驶里程 53000km，45000km 时来店做过常规维护。车主抱怨说最近汽车加速时车身抖动厉害，而且伴有晃动，车辆经常跑偏，往右侧转向时还会出现"咔咔咔"的响声。车主要求 4S 店仔细检查一下，恢复车辆技术状况。

任务描述

根据车主提供的信息，基本可以判断问题出在车辆驱动轴（半轴）上，经过初步检查，发现半轴内球笼处出现松旷并伴有漏油现象，初步判断是车辆的半轴球笼出现破损导致内部润滑脂缺失，从而引起万向节损坏。因此，要解决这个问题，首先需要检查和拆装车辆半轴，对损坏半轴进行更换。

学习任务

序号	任务名称	任务类型
1	拆卸半轴总成	拆卸
2	检查、更换半轴总成	检查、调整
3	安装半轴总成	装配
4	试车检查并调试半轴总成	检查、调整

知识活页 08-01-02　汽车底盘常见项目检查与维护

学习目标

1. 会使用工具正确拆卸和安装半轴总成。
2. 知道半轴常见的故障现象。
3. 会检查和诊断半轴故障原因。
4. 能够正确认识半轴的检查维护对安全驾驶的重要意义，体现严谨、负责、遵规、守法的职业精神。

信息搜集

理论必知

1. 传动系统的组成及作用

传动系统一般由离合器、变速器、万向节、传动轴、主减速器、差速器和半轴等组成。其基本功用是将发动机发出的动力传给汽车的驱动车轮，改变转矩大小，以适应行驶条件的需要，保证汽车正常行驶，同时还应具有改变车速、倒退行驶、切断动力、差速等作用。传动系统的组成如图 8-1 所示。

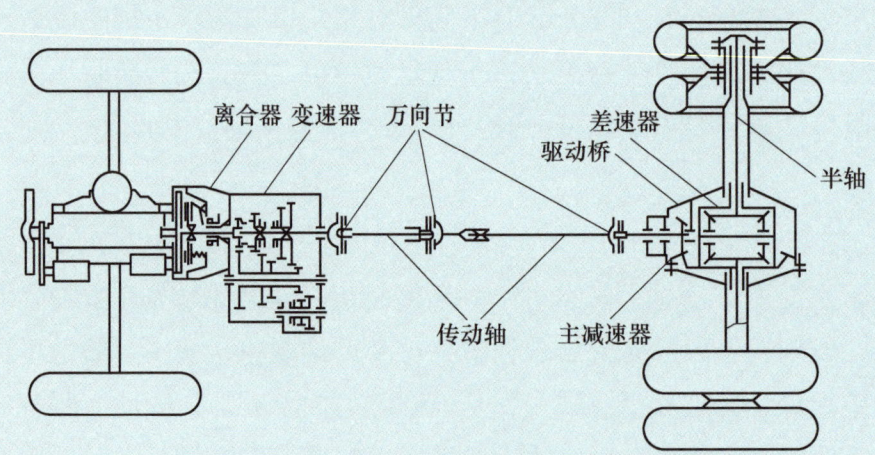

图 8-1　传动系统的组成

2. 半轴的结构

因驱动桥结构形式的不同，整体式驱动桥中的半轴为一刚性整轴，而转向驱动桥和断开式驱动桥中的半轴则分段，并用万向节连接。半轴内端一般制有外花键与半轴齿轮连接；半轴外端结构形式多样，有的直接在轴端锻造出凸缘盘，有的制成花键与单独制成的凸缘盘滑动配合，还有的制成锥形并通过键和螺母与轮毂固定连接，其结构如图 8-2 所示。

3. 半轴的作用

半轴的作用是将差速器传来的动力传递给驱动车轮。因传递转矩较大，常制成实心轴。半轴必须能补偿因颠簸路面或其他类似行驶条件，导致差速器与车相对位置发生变化的位移，确保发动机转矩平稳传递到车轮。

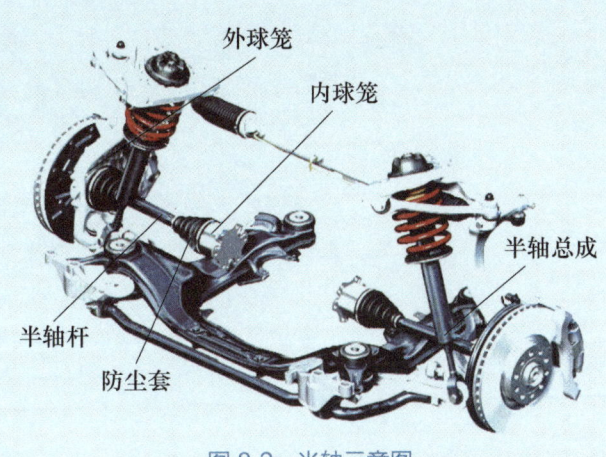

图 8-2　半轴示意图

4. 半轴的分类

现代汽车常用的半轴，根据其支承形式不同，有全浮式和半浮式两种。

1）全浮式半轴（图 8-3）只传递转矩，不承受任何反力和弯矩，因而广泛应用于各类汽车上。全浮式半轴易于拆装，只需拧下半轴凸缘上的螺栓即可抽出半轴，而车轮与桥壳照样能支持汽车，从而给汽车维护带来方便。

2）半浮式半轴（图 8-4）既传递转矩又承受全部反力和弯矩。它的支承结构简单、成本低，因而被广泛用于反力弯矩较小的各类轿车上。但这种半轴支承拆取麻烦，且汽车行驶中若半轴折断则易造成车轮飞脱的危险。

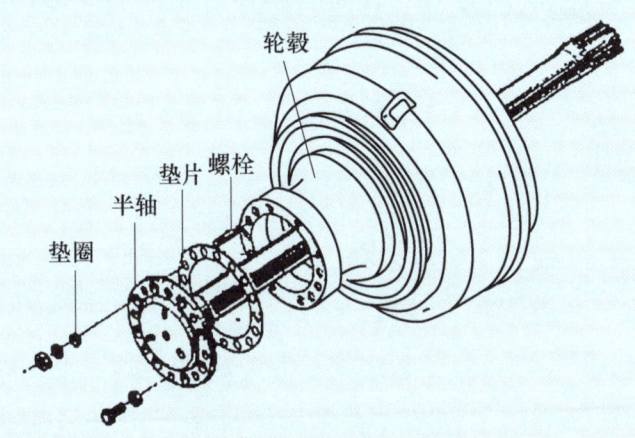

图 8-3　全浮式半轴示意图

5. 驱动桥的维护

（1）一级维护

1）检查后桥壳是否有裂纹及不正常的渗漏。如有渗漏，应查明原因，予以排除。

2）检查各部件螺栓、螺母的连接是否可靠。

3）后桥壳内的润滑油量是否合适，其油面应不低于检视孔下沿 15mm 处。

4）后桥壳的通气塞应保持畅通。

5）用推动轮毂来检查轴承的预紧度时，应无明显手感的旷量。

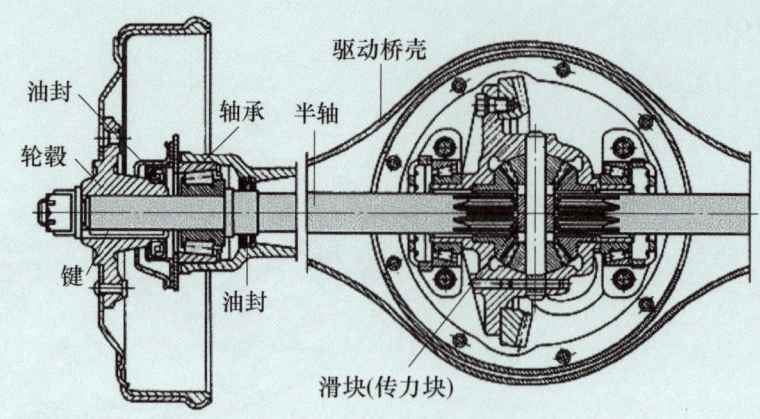

图 8-4 半浮式半轴示意图

6）检视轮胎和半轴上的外露螺栓、螺母，不得有松动。

（2）二级维护

1）检查半轴，应无弯曲，键槽无过度磨损。如有可见的键槽磨损，应改换半轴。

2）拆下轮毂，检查半轴套管是否有配合松旷或裂纹。

3）检视后桥壳是否有裂纹。

4）检查主减速器的油封有无破损，凸缘螺母是否松动，检查主减速器的连接螺栓的紧固情况。

5）检查轮毂轴承的紧固情况，必要时按技术条件的要求校紧。

 新知拓展

更轻、更强、更可靠的"驱动之桥"

1. 半轴新技术——旋锻轴杆半轴

汽车工业轻量化、燃油经济性更高、维护成本更低、更环保等的发展趋势，催生了在动力传动领域的技术创新。在半轴产品中，更轻量化、强度更佳、更安全可靠的旋锻轴杆半轴（Halfshaft with Monobloc）应运而生。除了质量更轻的优势外，这也是一款稳定性高、耐用性更好的高性价比产品，如图 8-5 所示。

2. 半轴新技术——滚珠花键轴杆

众多车辆平台对于半轴产生的轴向派生力具有更高的振动噪声（NVH）特性要求。而全新的滚珠花键轴杆（Ball Spline Axle）就大幅提升了半轴的 NVH 性能。这种可伸缩式的轴杆适用于对传动系统有着极高工作角度和行程要求的车辆，也适用于对轴向派生力非常敏感的车辆，并能兼容所有类型的驱动、变速器和轮毂，自始至终地实现高效运行，为车辆带来高灵敏度、高耐用性的解决方

案，其结构如图 8-6 所示。

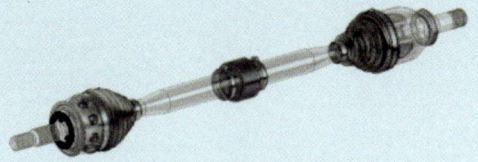

图 8-5　旋锻轴杆半轴

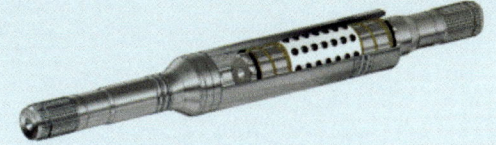

图 8-6　滚珠花键轴杆

知识活页 08-01-06 汽车底盘常见项目检查与维护

项目三 传动系统部件检查与维护

工单活页
08-02-01

"半轴检查与更换"操作工单

学校 _____ 姓名 _____ 学号 _____

车辆信息					
品牌		整车型号		生产年月	
发动机型号		发动机排量		行驶里程	
车辆识别码					

维修手册查找信息记录				
左前半轴□　右前半轴□　左后半轴□　右后半轴□				
查找项目	数据	查找项目		数据
半轴螺母力矩（第一遍）		转向节螺母力矩		
半轴螺母释放角度		转向节螺母角度		
半轴螺母力矩（第二遍）		转向横拉杆螺母力矩		
稳定杆连杆螺母力矩		转向横拉杆螺母角度		

半轴检查				
花键损坏情况	正常□　异常□	防尘罩损坏情况		正常□　异常□
塑料环损坏情况	正常□　异常□	垫片损坏情况		正常□　异常□

操作时间分配				
序号	维修工序描述	备注信息		工序编号任务周期时间/s
1	准备工作			
2	拆卸半轴螺母	单侧		120
3	脱开稳定杆连杆	单侧		90
4	脱开转向横拉杆	单侧		90
5	脱开转向节	单侧		210
6	拆卸半轴总成	单侧		330
7	检查安装半轴总成	单侧		330
8	安装转向节	单侧		210
9	安装稳定杆连杆	单侧		90
10	安装转向横拉杆	单侧		180
11	紧固半轴螺母	单侧		160
	总时间			1810

半轴检查与更换（上）

半轴检查与更换（下）

工单活页 08-02-02 汽车底盘常见项目检查与维护

操作步骤及作业要点

标识符号

+	▲	■	★	○	!
安全	关键步骤	固定操作流程	质量检查	固定操作顺序	环境相关

标识符	序号	任务	步骤名称	标准工时/s	技术要点	潜在失效模式	完成与否
+	1	准备工作	车辆做好防护措施		铺设车外三件套等	车辆外观损伤	
■	2		拆下左前车轮		参考：车轮拆卸技能操作		
■	3		举升车辆		缓慢举升至合适高度	车辆掉落，造成人员伤亡	
■	4	拆卸半轴螺母	固定制动盘	30	使用专用工具	制动盘损坏	
▲	5		预松拆卸半轴螺母	60	使用指针式扭力扳手32号套筒	造成螺母损坏	
+▲	6		取下半轴螺母	30		半轴螺母取下后报废	
■	7	脱开稳定杆连杆	拆卸取下稳定杆连杆螺母	60	使用两把梅花扳手螺母拆下后报废	造成螺母、螺栓损坏	
■	8		脱开稳定杆连杆	30	分离稳定杆连杆与减振器	稳定杆连杆损坏	

图解说明

 ①  ②  ③  ④

 ⑤  ⑥ 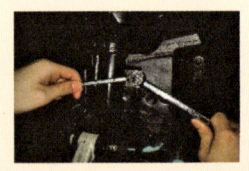 ⑦  ⑧

思政

对于半轴的标准，曾经以 QC/T 294—1999 代替 ZB T21 004—89。如今新的国标 QC/T 293—2019 又在履行着它的使命。国内对于标准的制定和完善彰显着国家对于半轴质量安全严谨、负责的态度。

（续）

标识符	序号	任务	步骤名称	标准工时/s	技术要点	潜在失效模式	完成与否
■	9	脱开转向横拉杆	拆卸外转向横拉杆球头螺母	60	用18号梅花扳手螺母拆下后报废	螺母损坏	
■	10		脱开外转向横拉杆球头	30	分离外转向横拉杆与转向节	外转向横拉杆球头损坏	
■	11	脱开转向节	拆卸转向节螺母（2颗）	120	用18号套筒拆下螺母2颗并报废	工具使用不当	
■	12		取下转向节螺栓（2颗）	60	用锤子敲出后报废	损伤其他杆件	
■	13		分离转向节与减振器	30	用手托扶	造成磕碰	
■	14	拆卸半轴总成	脱开半轴外花键	60	用铜棒将半轴外端敲出	造成半轴损坏	
■	15		分离轮毂与半轴外端	30	注意不要划伤磕碰轮毂轴承	划伤磕碰轮毂轴承	
✚ ▲	16		分离变速器与半轴内端	60	用撬棍轻轻撬开	造成接触面损坏	

图解说明

⑨ _____

⑩ _____

⑪ _____

⑫ _____

⑬ _____

⑭ _____

⑮ _____

⑯ _____

工单活页
08-02-04 汽车底盘常见项目检查与维护

(续)

标识符	序号	任务	步骤名称	标准工时/s	技术要点	潜在失效模式	完成与否
■	17	拆卸半轴总成	拔出半轴内端	30	水平拔出	造成磕碰	
■	18		回收泄漏变速器油液	60	用合适容器回收	造成污染	
■	19		取下半轴	30	小心取放	造成半轴损坏	
■	20		拆下垫圈	30	用一字螺钉旋具撬出垫圈拆下后报废	造成半轴划伤	
▲	21		拆下塑料环	30	用一字螺钉旋具撬出垫圈，拆下后报废	造成半轴划伤	
▲★	22	检查安装半轴总成	更换半轴，检查花键和防尘套，更换塑料环、垫圈	150	装上新塑料环和垫圈，检查半轴及防尘罩有无损坏	防尘罩及其他部件损坏	
▲★	23		装入半轴内端	90	将半轴内端水平插入，向外轻拉确保安装到位	安装不到位	
■○	24		润滑半轴外端花键	60	在半轴外端花键上均匀涂抹润滑油或润滑脂		
■○	25		半轴外端装入轮毂轴承内	30	避免磕碰	磕碰轮毂轴承	

图解说明

思政

辽宁通达轴业有限公司成立于1988年，其前身为辽宁通达汽车配件厂，工厂地址在辽宁省凤城市，并于2001年注册为辽宁通达轴业有限公司，是一家专业生产汽车半轴的民营企业，是半轴协会的理事长单位，2005年获得了"中国汽车配件十大影响力品牌荣誉证书"，2016年被评为辽宁省"省级企业技术中心"。

⑰

⑱

⑲

⑳

㉑

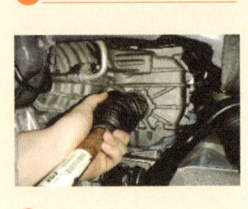
㉒

㉓

㉔

㉕

（续）

标识符	序号	任务	步骤名称	标准工时/s	技术要点	潜在失效模式	完成与否
■○	26	安装转向节	安装并预紧转向节螺栓与螺母	90	用18号梅花扳手或套筒预紧两颗螺母		
▲	27		拧紧转向节螺母（2颗）	60	用预制式扭力扳手拧紧至规定力矩	转向节螺母损坏	
■	28		拧紧转向节螺母至规定角度	60	用角度测量仪拧紧至规定角度	转向节螺母损坏	
■	29	安装稳定杆连杆	安装并预紧稳定杆连杆螺母	60	用18号梅花扳手		
■	30		拧紧稳定杆连杆螺母	30	用预制式扭力扳手拧紧至规定力矩	连杆螺母损坏	
■	31	安装转向横拉杆	安装并预紧转向横拉杆球头螺母	60	用8号梅花扳手固定，用18号梅花扳手预紧		
○	32		拧紧转向横拉杆球头螺母	30	用预制式扭力扳手拧紧至规定力矩	球头螺母损坏	
▲	33		拧紧转向横拉杆球头螺母至规定角度	90	用角度测量仪拧紧至规定角度	球头螺母损坏	

图解说明

㉖　　　　　　　㉗　　　　　　　㉘　　　　　　　㉙

㉚　　　　　　　㉛　　　　　　　㉜　　　　　　　㉝

工单活页
08-02-06 汽车底盘常见项目检查与维护

（续）

标识符	序号	任务	步骤名称	标准工时/s	技术要点	潜在失效模式	完成与否
■	34	紧固半轴螺母	固定制动盘并预紧半轴螺母	40	用32号套筒		
■	35		拧紧半轴螺母（第一遍）	40	用预制式扭力扳手拧至规定力矩（第一遍）	半轴螺母损坏	
■ ▲	36		松开半轴螺母至规定角度	40	用角度测量仪松开至规定角度		
✚	37		拧紧半轴螺母（第二遍）	40	用预制式扭力扳手拧至规定力矩（第二遍）	半轴螺母损坏	

图解说明

㉞

㉟

㊱

㊲

（续）

姓名：   准考证号：   身份证号码：

考试开始时间：   考试结束时间：   总计（分）：

考核任务八：半轴检查与更换【考核评分表】

✚	▲	◼	★	○	！	🔧
安全	关键步骤	固定操作流程	质量检查	固定操作顺序	环境相关	职业素养

评分项		评分标准	配分	扣分
情意面 （规范作业） （职业精神）	✚ ▲ ◼ ！🔧 🔧	☐ 1. 规范作业： 　☐ 1.1 检查作业所需要工具设备是否完备（1分） 　☐ 1.2 检查作业环境是否配备灭火器（1分） 　☐ 1.3 检查举升机举升情况是否正常（1分） 　☐ 1.4 正确安装车辆翼子板布（1分） 　☐ 1.5 正确安装车内四件套（1分） 　☐ 1.6 正确安装车轮挡块（1分） 　☐ 1.7 使用工具前对工具量具进行校准（1分） 　☐ 1.8 使用工具后对工具量具进行清洁（1分） 　☐ 1.9 作业完成后对工具进行复位（1分） 　☐ 1.10 作业过程做到油液不落地（1分） 　☐ 1.11 作业过程做到水液不落地（1分） 　☐ 1.12 作业过程做到工具不落地（1分） ☐ 2. 职业精神： 　☐ 2.1 作业过程服装到位（2分） 　☐ 2.2 作业过程严谨操作（2分） 　☐ 2.3 作业过程认真负责（2分） 　☐ 2.4 作业过程守法遵规（2分）	20	
技能面 （应用技能） （操作技能）	✚ ◼ ◼ ◼ ▲ ✚▲ ◼ ◼ ◼	☐ 1. 车辆做好防护措施：铺设车外三件套等（1分） ☐ 2. 拆下左前车轮：按照车轮拆装规范操作（2分） ☐ 3. 举升车辆：缓慢举升至合适高度（1分） ☐ 4. 固定制动盘（1分） ☐ 5. 预松拆卸半轴螺母：用指针式扭力扳手和32号套筒（1分） ☐ 6. 取下半轴螺母：半轴螺母取下后报废（1分） ☐ 7. 拆卸取下稳定杆连杆螺母： 　☐ 7.1 用9号和18号梅花扳手配合拆卸（1分） 　☐ 7.2 螺母拆下后报废（1分） ☐ 8. 脱开稳定杆连杆（1分） ☐ 9. 拆卸外转向横拉杆球头螺母：用18号梅花扳手拆下后报废（1分） ☐ 10. 脱开外转向横拉杆球头（1分）	50	

(续)

评分项		评分标准	配分	扣分
技能面 （应用技能） （操作技能）	■	□ 11. 拆卸转向节螺母（2颗）：用18号套筒拆下2颗螺母并报废（2分）	50	
	■	□ 12. 取下转向节螺栓（2颗）：用锤子敲出2颗螺栓并报废（2分）		
	■	□ 13. 分离转向节与减振器：用手托扶，避免磕碰（1分）		
	■	□ 14. 脱开半轴外花键：用铜棒将半轴外端敲出（1分）		
	■	□ 15. 分离轮毂与半轴外端：注意不要划伤磕碰轮毂轴承（1分）		
	✚ ▲	□ 16. 分离变速器与半轴内端：用撬棍轻轻撬开（1分）		
	■	□ 17. 拔出半轴内端：水平拔出（1分）		
	■	□ 18. 回收泄漏变速器油液：用合适容器回收（1分）		
	■	□ 19. 取下半轴：小心取放（1分）		
	■	□ 20. 拆下垫圈：用一字螺钉旋具撬出后报废（1分）		
	▲	□ 21. 拆下塑料环：用一字螺钉旋具撬出后报废（1分）		
	▲ ★	□ 22. 更换半轴，检查花键和防尘套，更换塑料环、垫圈；装上新塑料环和垫圈，检查半轴及防尘罩有无损坏（3分）		
	▲ ★	□ 23. 装入半轴内端： □ 23.1 水平插入半轴内端（1分） □ 23.2 向外轻拉确保安装到位（1分）		
	■ ○	□ 24. 润滑半轴外端花键（1分）		
	■ ○	□ 25. 半轴外端装入轮毂轴承内：避免磕碰（1分）		
	■ ○	□ 26. 安装并预紧转向节螺栓与螺母（2颗）：用18号梅花扳手或套筒预紧2颗螺母（2分）		
	▲	□ 27. 拧紧转向节螺母（2颗）：用预制式扭力扳手拧紧至100N·m（2分）		
	■	□ 28. 拧紧转向节螺母至规定角度：用角度测量仪拧紧30°~45°（2分）		
	■	□ 29. 安装并预紧稳定杆连杆螺母：用18号梅花扳手预紧（1分）		
	■	□ 30. 拧紧稳定杆连杆螺母：用预制式扭力扳手和长套筒拧至65N·m（1分）		
	■	□ 31. 安装并预紧转向横拉杆球头螺母：用8号梅花扳手固定，用18号梅花扳手预紧（1分）		
	○	□ 32. 拧紧转向横拉杆球头螺母：用预制式扭力扳手拧紧至35N·m（1分）		
	▲	□ 33. 拧紧转向横拉杆球头螺母至规定角度：用角度测量仪拧紧30°~45°（1分）		
	■	□ 34. 固定制动盘并预紧半轴螺母：用32号套筒（1分）		
	■	□ 35. 拧紧半轴螺母（第一遍）：用预制式扭力扳手拧至150N·m（2分）		
	■ ▲	□ 36. 松开半轴螺母至规定角度：用角度测量仪松开45°（2分）		
	✚	□ 37. 拧紧半轴螺母（第二遍）：用预制式扭力扳手拧至250N·m（2分）		

(续)

评分项	评分标准	配分	扣分
信息面 （信息录入） （资料应用） （资讯检索）	□ 1. 能正确使用维修手册查询资料： 　　□ 1.1 查询半轴螺母力矩（第一遍和第二遍）和释放角度（3分） 　　□ 1.2 查询稳定杆连杆螺母规定力矩（1分） 　　□ 1.3 查询转向节螺母力矩和角度（2分） 　　□ 1.4 查询转向横拉杆螺母力矩和角度（2分） □ 2. 能在规定时间内查询所需资料（1分） □ 3. 能正确记录所查询资料章节页码（1分） □ 4. 能正确记录所需维修信息（2分）	12	
工具及设备使用 （工具使用） （设备使用） （软件使用）	□ 1. 能正确选用维修工具（2分） □ 2. 能正确选用合适的容器回收变速器油液（2分） □ 3. 能正确使用预制式扭力扳手（2分） □ 4. 能正确使用角度测量仪（2分） □ 5. 能正确使用举升机（2分）	10	
诊断面 （诊断分析） （检测分析） （调校分析）	□ 1. 能判断半轴花键有无损坏（2分） □ 2. 能判断半轴防尘罩有无损坏（2分） □ 3. 能判断半轴塑料环有无损坏（2分） □ 4. 能判断半轴垫片有无损坏（2分）	8	
总计		100	

评分员：＿＿＿＿＿＿

评价活页 08-03-04　汽车底盘常见项目检查与维护

项目三

传动系统部件检查与维护

任务九　自动变速器油液更换

任务情境

车主描述

通用别克威朗 2015 款 15S 自动进取型轿车，车辆行驶里程将近 80000km，该车 75000km 时来店做过常规维护，但近期发现换档有顿挫感、加速无力，特别是冷车时较为明显。车主要求 4S 店仔细检查一下，恢复车辆技术状况。

任务描述

根据车主提供的信息，可以判断问题在自动变速器上，但是，具体的原因很多，可能是油液泄漏，也可能是电磁阀损坏等。结合该车已行驶 80000km，达到变速器换油周期。初步考虑先更换变速器油液，待油液换好后，再根据情况对车辆相关部件进行检测。

学习任务

序号	任务名称	任务类型
1	检查变速器油液液位	检查
2	检查变速器油质情况	检查
3	检查变速器泄漏情况	检查
4	更换变速器油	维护、调整

汽车底盘常见项目检查与维护

学习目标

1. 根据泄漏部位初步判断泄漏的原因。
2. 知道正确的油液加注方法并正确判断油液加注量。
3. 能正确检测、判断自动变速器油液的油质情况。
4. 能够正确认识变速器油液及部件检查对变速器正常工作的重要意义，树立爱岗、敬业的劳动精神。

信息搜集

理论必知

1. 自动变速器的作用

自动变速器是相对于手动变速器而出现的一种能够自动根据汽车车速和发动机转速来进行自动换档操作的变速装置。其主要作用有：改变传动比，扩大驱动轮转矩和转速的变化范围，以适应经常变化的行驶条件，同时使发动机在有利（功率较高而油耗较低）的工况下工作。利用空档，中断动力传递，以使发动机能够起动、变速，并便于变速器换档或进行动力输出。

2. 自动变速器的组成

自动变速器的类型较多，可以说不同车型所装的自动变速器在形式、结构上有所区别，但总体主要由液力变矩器、行星齿轮变速器（齿轮变速器）、控制系统和油泵四部分组成，具体结构如图9-1所示。

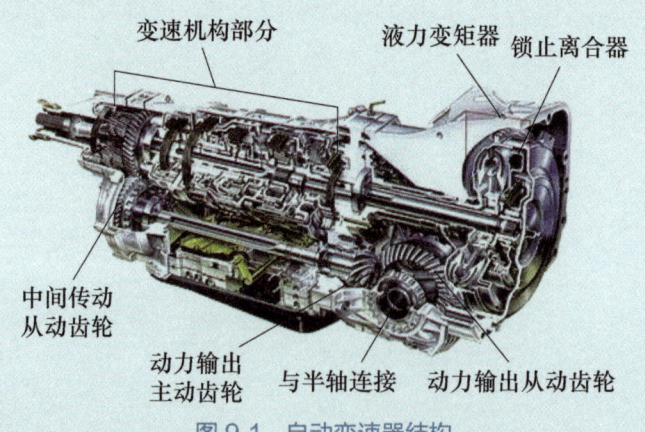

图 9-1 自动变速器结构

（1）液力变矩器　液力变矩器位于自动变速器的最前端，固定在发动机的飞轮上。其作用类似于离合器，能根据汽车的行驶阻力，在一定范围内进行无级变速，具有一定的减速增矩功能。

（2）行星齿轮变速器（齿轮变速器） 它是自动变速器的主要组成部分，包括齿轮变速机构和换档执行机构。换档执行机构通过改变齿轮变速机构的不同位置，实现不同的传动比。

（3）控制系统 控制系统可以分为液力控制系统和电液控制系统。控制系统根据手动阀位置、节气门开度、车速和控制开关的状态，利用液压自动控制原理或电子自动控制原理，按一定规律控制齿轮变速器的换档执行机构的工作，实现自动换档。

（4）油泵 油泵位于变矩器之后，齿轮变速器之前（也有安装在油底壳或变速器体外的）。油泵为变矩器、控制系统、换档机构的工作和机械系统润滑提供一定的液压油。发动机的动力通过液力变矩器传输到齿轮传动部分，控制系统按照发动机负荷和车速等信号，实现传动比变换——换档，最后动力由输出轴输出。

3. 自动变速器的类型

（1）按有无级数分 自动变速器分为：有级自动变速器（AT）和无级自动变速器（CVT）。

（2）按驱动方式分

1）后轮驱动变速器（FR车用自动变速器）。变矩器和齿轮变速器的输入轴在同一轴线上，轴向尺寸大，控制阀板布置在油底壳内，如图9-2所示。

2）前轮驱动变速器（FF车用自动变速器）与后轮驱动变速器最大的区别是自动变速器、主减速器装在一个壳体内，如图9-3所示。

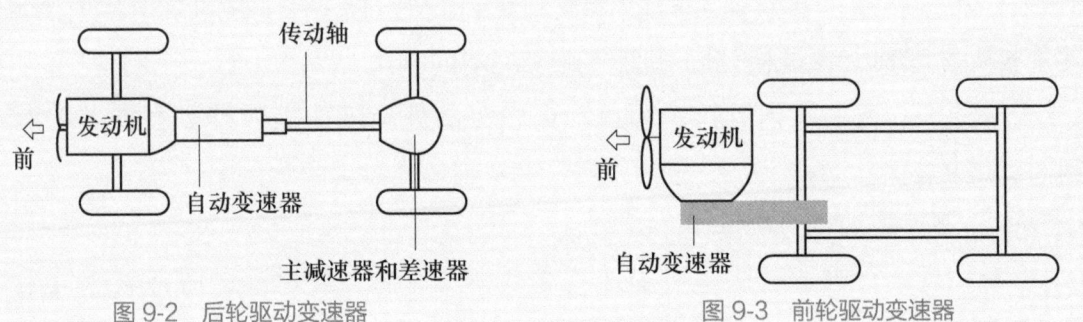

图9-2 后轮驱动变速器　　　　图9-3 前轮驱动变速器

（3）按变速器传动形式分 自动变速器可分为行星齿轮变速器和平行轴斜齿轮（普通式）变速器。

（4）按控制类型分

1）液力控制自动变速器（液力式）通过机械方式，将汽车行驶时节气门开度和车速这两个关键参数转变为液压控制信号，根据这个信号的大小及设定的换档规律，来控制各种液压阀，实现自动换档。

2）电子控制自动变速器（电磁式）通过传感器，将发动机转速、节气门、车速和冷却液温度等参数转变为电信号，送入ECU，ECU根据这些信号按照已设定的换档规律，向各电磁阀发出电信号控制各液压阀，达到自动控制换档的目的。

（5）按前进档位数分　自动变速器分为4、5、6、7、8、9档，别克威朗车是7档变速器。

4. 自动变速器常见故障

（1）挂档难、有顿挫感

1）表现：起步或行驶过程中，挂、摘、换档发涩费力，好像被什么卡了一下，有耸车、振动、顿挫感，有时凉车易挂档，热车难挂档，带有很多不舒适性。

2）原因：变速器内相关齿轮等部件得不到足够的润滑，且形不成持久的润滑膜，使得部件无法流畅工作。

（2）自动档闯档、冲击感

1）表现：起步没动力，低速或中速行驶时车子有明显耸车和顿挫感，同时仪表盘上的转速表针上下浮动；中高速行驶过程中急踩加速踏板的情况下，车子打滑，转速表针急速上升和有明显的冲击感；由P位挂入R位和D位，车子有明显的冲击感、闯档。

2）原因：变速器内出现杂质，使阀体形成堵塞，导致阀体上下运动不畅，无法顺序实现对油压的调节，导致闯档、换档冲击故障。

（3）变速器异响、噪声大

1）表现：车子在急速或行驶以及高负荷行驶过程中，听到变速器有异响，甚至很大的噪声，在挂换档时有无节奏、沉闷的响声。

2）原因：变速器内脏污，轴承、齿轮等部件出现磨损或严重磨损，或齿轮侧面有损坏。

（4）变速器温度过高

1）表现：行驶过程中电脑显示报警——变速器温度过高；或行驶一段后驾驶人感觉变速器过热，甚至烫手。

2）原因：变速器内部经常超负荷运转，无法有效控温。

新知拓展

自动变速器新技术。

DCG 是双离合变速器，如图 9-4 所示，上汽或者通用的汽车会用 DCG 变速器。DCG 是解决了 DSG 在国内拥堵路况水土不服的问题，技术细节上做了许多改进与加强。比如，DSG 的电控单元安装在变速器内，时间久了就会出现问题，而 DCG 的电控单元就放在变速器的外面；另外，DCG 关键部位的耐磨系数比 DSG 更大，从而更耐用一些；还有，DCG 的离合器压盘更大、更厚，这样热量传递会更好一些，热量冗余也更大一些。

图 9-4　DCG 变速器

应该说，DCG 是普通干式双离合的一种升级双离合，拥有诸多普通干式双离合所没有的优点，但是同样难逃干式双离合的通病——拥堵，走走停停就会使离合器片发热严重，导致离合器片磨损加快，进而出现行驶中顿挫，目前无法避免。

知识活页 09-01-06 汽车底盘常见项目检查与维护

"自动变速器油液更换"操作工单

学校 _____ 姓名 _____ 学号 _____

车辆信息					
品牌		整车型号		生产年月	
发动机型号		发动机排量		行驶里程	
车辆识别码					

变速器油液及部件检查		
测量项目	判定	异常情况说明
变速器油液液位情况	正常□ 异常□	
检查变速器油质情况	正常□ 异常□	
检查油管有无破裂	正常□ 异常□	
检查油底壳密封垫有无泄漏	正常□ 异常□	
检查各油管接头有无泄漏	正常□ 异常□	

操作时间分配			
序号	维修工序描述	备注信息	工序编号任务周期时间/s
1	准备工作		240
2	检查变速器有无泄漏		410
3	检查变速器油液液位		90
4	检查变速器油油质		150
5	更换变速器油预备		90
6	排空变速器油液		360
7	加注变速器油		240
8	调整变速器油位		390
9	恢复工作		120
	总时间		2090

自动变速器油液更换（上）

自动变速器油液更换（下）

工单活页
09-02-02 汽车底盘常见项目检查与维护

操作步骤及作业要点

标识符号					
✚	▲	◼	★	◯	！
安全	关键步骤	固定操作流程	质量检查	固定操作顺序	环境相关

标识符	序号	任务	步骤名称	标准工时/s	技术要点	潜在失效模式	完成与否
✚	1	准备工作	车辆防护	180	安装车辆挡块、安装车内三件套、打开发动机舱盖、安装车内三件套	车辆冲出，造成人身伤害	
✚	2		人员防护	60	戴上手套和护目镜	人身伤害	
▲	3		起动车辆，循环挂档	60	每个档位运行不少于10s	变速器异常	
▲	4		检查自动变速器油温度	180	能使用故障诊断仪器正确观察油温（85~95℃）	变速器性能下降	
✚	5	检查变速器有无泄漏	放置车辆举升块	60	支撑垫块放置于车辆四个举升点位置	车辆损伤	
✚	6		举升车辆	60	将车辆举升至1人高	车辆滑落	
★	7		检查变速器油底壳密封垫	20	用手电筒检查是否有漏油情况	油液泄漏	
★	8		检查管路	15	用手电筒检查是否有破损、漏油情况	油液泄漏	

图解说明

① _____

② _____

③ _____

④ _____

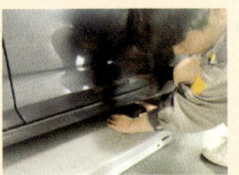

⑤ _____

⑥ _____

⑦ _____

⑧ _____

项目三 传动系统部件检查与维护

工单活页 09-02-03

（续）

标识符	序号	任务	步骤名称	标准工时/s	技术要点	潜在失效模式	完成与否
★	9	检查变速器有无泄漏	检查管路连接处	15	用手电筒检查是否有漏油情况	油液泄漏	
◻	10	检查变速器油液液位	拆下油位孔螺栓	60	油液不能洒落	油液烫伤	
◻	11		检查变速器油位	30	油液位置刚好处于观察孔下边缘		
✚	12		降下车辆	60	降至车辆完全与地面接触	车辆滑落	
★▲	13	检查变速器油油质	检查变速器油油质	90	将检测仪测试头置于油液中	变速器故障	
◻	14	更换变速器油预备	打开变速器加油盖	30	拧开后无需取出盖子	异物掉落到变速器内	
✚◻	15		举升车辆	60	将车辆举升至1人高	车辆滑落	
◻	16	排空变速器油液	放置接油桶	30	将接油桶置于变速器油底壳下方	油液洒落	

图解说明

❾ _____

❿ _____

⓫ _____

⓬ _____

⓭ _____

⓮ _____

⓯ _____

⓰ _____

思政

比亚迪品牌诞生于深圳，于1995年成立，业务横跨汽车、轨道交通、新能源和电子四大产业。2019年12月18日，《人民日报》发布中国品牌发展指数100榜单，比亚迪排名第24位。2020年1月4日，比亚迪获得2020《财经》长青奖"可持续发展内控奖"。比亚迪生产的6速双离合变速器就是国内品牌自主研发能力的一种体现。

汽车底盘常见项目检查与维护

（续）

标识符	序号	任务	步骤名称	标准工时/s	技术要点	潜在失效模式	完成与否
■	17	排空变速器油液	拆下放油螺栓	60	先拧松后，快速移走放油螺栓	油液烫伤	
■ ▲	18		排放变速器油	180	排油直至变速器油断续滴落状态	变速器性能下降	
■ ★	19		清理放油塞螺纹和螺纹孔	30	用毛巾清理放油螺栓孔处的杂质	放油螺栓孔密封不良	
■	20		安装放油塞	60	按规定力矩进行紧固	孔密封不良	
✚ ■	21	加注变速器油液	移出接油桶	30	油桶推放平稳，油液不能洒落	油液洒落	
✚ ■	22		降下车辆	60	降至车辆完全与地面接触	车辆滑落	
▲ ■	23		加注变速器油	120	查询手册加注变速器油，加注时不能洒落	变速器性能下降	
■	24		拧紧变速器加油盖	30	盖上变速器加油盖，并旋紧油盖	异物掉落到变速器内	

图解说明

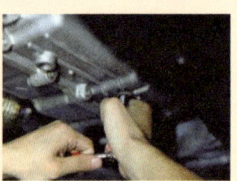
⑰

⑱

⑲

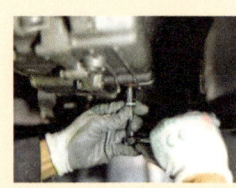
⑳

㉑

㉒

㉓

㉔

项目三　传动系统部件检查与维护

工单活页
09-02-05

（续）

标识符	序号	任务	步骤名称	标准工时/s	技术要点	潜在失效模式	完成与否
▲	25	调整变速器油位	起动车辆，循环挂档	60	每个档位运行不少于10s	变速器异常	
▲	26		检查自动变速器油温度	180	能使用故障诊断仪器正确观察油温（85~95℃）	变速器性能下降	
✚ ■	27		举升车辆	60	将车辆举升至1人高度	车辆滑落	
▲ ■	28		调整变速器油位	30	油液位置刚好处于观察孔下边缘	变速器性能下降	
■	29		安装油位孔螺栓	60	按规定力矩进行紧固	螺栓损坏	
✚ ■	30	恢复工作	降下车辆	60	降至车辆完全与地面接触	车辆滑落	
■	31		车辆恢复	60	撤除车外三件套、盖上发动机舱盖、撤除车内三件套		

图解说明

 25

26

 27

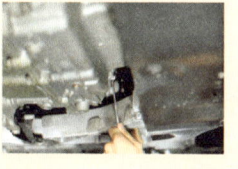
28

 29

 30

31

工单活页 09-02-06 汽车底盘常见项目检查与维护

姓名：　　　　准考证号：　　　　身份证号码：

考试开始时间：　　　考试结束时间：　　　总计（分）：

考核任务九：自动变速器油液更换【考核评分表】

✚	▲	◼	★	○	！	🔧
安全	关键步骤	固定操作流程	质量检查	固定操作顺序	环境相关	职业素养

评分项		评分标准	配分	扣分
情意面 （规范作业） （职业精神）	✚ ▲ ◼ ！🔧 🔧	☐ 1. 规范作业： 　　☐ 1.1 检查作业所需要工具设备是否完备（1分） 　　☐ 1.2 检查作业环境是否配备灭火器（1分） 　　☐ 1.3 检查举升机举升情况是否正常（1分） 　　☐ 1.4 正确安装车辆翼子板布（1分） 　　☐ 1.5 正确安装车内四件套（1分） 　　☐ 1.6 正确安装支撑垫块（1分） 　　☐ 1.7 使用工具前对工具量具进行校准（1分） 　　☐ 1.8 使用工具后对工具量具进行清洁（1分） 　　☐ 1.9 作业完成后对工具进行复位（1分） 　　☐ 1.10 作业过程做到油液不落地（1分） 　　☐ 1.11 作业过程做到水液不落地（1分） 　　☐ 1.12 作业过程做到工具不落地（1分） ☐ 2. 职业精神： 　　☐ 2.1 作业过程服装到位（2分） 　　☐ 2.2 作业过程严谨操作（2分） 　　☐ 2.3 作业过程认真负责（2分） 　　☐ 2.4 作业过程守法遵规（2分）	20	
技能面 （应用技能） （操作技能）	✚ ✚ ▲ ▲ ✚ ✚ ★ ★	☐ 1. 车辆防护：安装车辆挡块、安装车内三件套、打开发动机舱盖、安装车内三件套（4分） ☐ 2. 人员防护：戴上手套和护目镜（2分） ☐ 3. 起动车辆，循环挂档：每个档位运行不少于10s（2分） ☐ 4. 检查自动变速器油温度：使用故障诊断仪器正确观察油温（85~95℃）（1分） ☐ 5. 放置车辆举升块：支撑垫块放置于车辆四个举升点位置（2分） ☐ 6. 举升车辆：将车辆举升至1人高度（1分） ☐ 7. 检查变速器油底壳密封垫：用手电筒检查是否有漏油情况（1分） ☐ 8. 检查管路：用手电筒检查是否有破损、漏油情况（1分）	50	

(续)

评分项		评分标准	配分	扣分
技能面 （应用技能） （操作技能）	★	□ 9. 检查管路连接处：用手电筒检查是否有破损、漏油情况（1分）	50	
	□	□ 10. 拆下油位孔螺栓：油液不能洒落（1分）		
	□	□ 11. 检查变速器油液位：油液位置刚好处于观察孔下边缘（2分）		
	✚	□ 12. 降下车辆：降至车辆完全与地面接触（1分）		
	★▲	□ 13. 检查变速器油油质：将检测仪测试头置于油液中（2分）		
	□	□ 14. 打开变速器加油盖：拧开后无需取出盖子（1分）		
	✚□	□ 15. 举升车辆：将车辆举升至1人高度（1分）		
	□	□ 16. 放置接油桶：将接油桶置于变速器油底壳下方（1分）		
	□	□ 17. 拆下放油螺栓：拧松后，快速移走放油螺栓（2分）		
	□▲	□ 18. 排放变速器油：排油直至变速器油断续滴落状态（3分）		
	□★	□ 19. 清理放油塞螺纹和螺纹孔：用毛巾清理放油螺栓孔处的杂质（1分）		
	□	□ 20. 安装放油塞：紧固力矩12N·m（2分）		
	✚□	□ 21. 移出接油桶：油桶推放平稳，油液不能洒落（1分）		
	✚□	□ 22. 降下车辆：降至车辆完全与地面接触（1分）		
	▲□	□ 23. 加注变速器油：查询手册加注变速器油，加注时不能洒落（3分）		
	□	□ 24. 拧紧变速器加油盖：盖上变速器加油盖，并旋紧油盖（1分）		
	▲	□ 25. 起动车辆，循环挂档：每个档位运行不少于10s（2分）		
	▲	□ 26. 检查自动变速器油温度：使用故障诊断仪器正确观察油温（85~95℃）（1分）		
	✚□	□ 27. 举升车辆：将车辆举升至1人高度（1分）		
	▲□	□ 28. 调整变速器油液位：油液位置刚好处于观察孔下边缘（2分）		
	□	□ 29. 安装油位孔螺栓：按规定力矩进行紧固（2分）		
	✚□	□ 30. 降下车辆：降至车辆完全与地面接触（1分）		
	□	□ 31. 车辆恢复：撤除车外三件套、盖上发动机舱盖、撤除车内三件套（3分）		
信息面 （信息录入） （资料应用） （资讯检索）	🔧	□ 1. 能正确使用维修手册查询资料： 　□ 1.1 查询放油螺栓的拧紧力矩（2分） 　□ 1.2 查询内油位螺栓的拧紧力矩（2分） 　□ 1.3 查询变速器油的加注量（2分）	10	
	🔧	□ 2. 能在规定时间内查询所需资料（1分）		
	🔧	□ 3. 能正确记录所查询资料章节页码（1分）		
	🔧	□ 4. 能正确记录所需维修信息（2分）		

（续）

评分项		评分标准	配分	扣分
工具及设备使用 （工具使用） （设备使用） （软件使用）	🔧 🔧 🔧 🔧 🔧	□ 1. 能正确选用维修工具（2分） □ 2. 能正确使用诊断电脑（2分） □ 3. 能正确佩戴个人防护用品（2分） □ 4. 能正确使用举升机（2分） □ 5. 能正确加注变速器油（2分）	10	
诊断面 （诊断分析） （检测分析） （调校分析）	🔧 🔧 🔧 🔧 🔧	□ 1. 能判断变速器油液液位情况（2分） □ 2. 能检查变速器油质情况（2分） □ 3. 能检查油管有无破裂（2分） □ 4. 能检查油底壳密封垫有无泄漏（2分） □ 5. 能检查各油管接头有无泄漏（2分）	10	
总计			100	

评分员：_____

汽车底盘常见项目检查与维护

	清洁、检查盘式制动器组成部件	
	测量制动盘、制动摩擦片	测量
	调整、装配盘式制动器	调整、装配

项目四

制动系统部件检查与维护

任务十　盘式制动器检查与维护

任务情境

车主描述

通用别克威朗 2015 款 15S 自动进取型轿车，车辆购置时间为 2015 年 8 月，行驶里程 40000km，行驶 35000km 时来店做过常规维护，但最近发现制动力不足、有跑偏现象，而且左后轮处有金属声发出，制动力明显下降，好几次差点发生追尾事故。车主要求 4S 店仔细检查一下，恢复车辆技术状况。

任务描述

根据车主提供的信息，基本可以判断问题出在车辆制动系统上，可能是制动系统零部件异常磨损或制动管路泄漏造成车辆制动力下降、制动异响等故障现象。因此，要解决这个问题，首先需要拆装车辆制动器，并对相关核心零部件进行必要的检测作业。

学习任务

序号	任务名称	任务类型
1	拆卸盘式制动器总成	拆卸
2	清洁、检查盘式制动器组成部件	维护、检查
3	测量制动盘、制动摩擦片	测量
4	调整、装配盘式制动器	调整、装配

知识活页 10-01-02
汽车底盘常见项目检查与维护

学习目标

1. 会拆卸和装配盘式制动器。
2. 知道制动盘、制动摩擦片的清洁与检查方法。
3. 正确测量制动盘厚度、制动摩擦片厚度。
4. 正确调整盘式制动器。
5. 正确认识制动器检查维护对安全驾驶的重要意义，体现严谨、负责、遵规、守法的职业精神。

信息搜集

理论必知

1. 制动系统的组成及功用

汽车制动系统主要由供能装置、控制装置、传动装置和制动器等部分组成，常见的制动器主要有鼓式制动器和盘式制动器两种。

1）鼓式制动器主要包括制动轮缸、制动蹄、制动鼓、摩擦片、回位弹簧等部件，主要是通过液压装置使摩擦片与随车轮转动的制动鼓的内侧面发生摩擦，从而达到制动的目的。

2）盘式制动器也称为碟式制动器，主要由制动盘、制动钳、摩擦片、制动主泵、制动分泵、油管等部件构成。盘式制动器通过液压系统把压力施加到制动钳上，使制动摩擦片与随车轮转动的制动盘发生摩擦，从而达到制动的目的。

2. 盘式制动器工作原理

制动盘用合金钢制造并固定在车轮上，随车轮转动，如图10-1所示。制动钳（刹车钳）固定在制动器的底板上固定不动，制动钳上的两个制动摩擦片分别装在制动盘的两侧，制动钳内的活塞受油管输送来的液压油的液压作用，推动摩擦片压向制动盘发生摩擦制动，如图10-2所示。

3. 盘式制动器的主要优点

盘式制动器散热快、重量轻、构造简单、调整方便。特别是高负载时耐高温性能好，制动效果稳定，而且不怕泥水侵袭，在冬季和恶劣路况下行车，盘式制动比鼓式制动更容易在较短的时间内令车停下。有些盘式制动器的制动盘（称为通风盘）上还开了许多小孔，以加速通风散热和提高制动效率。

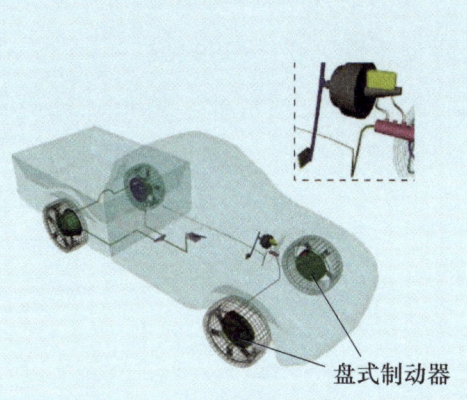

图 10-1 盘式制动器安装示意图

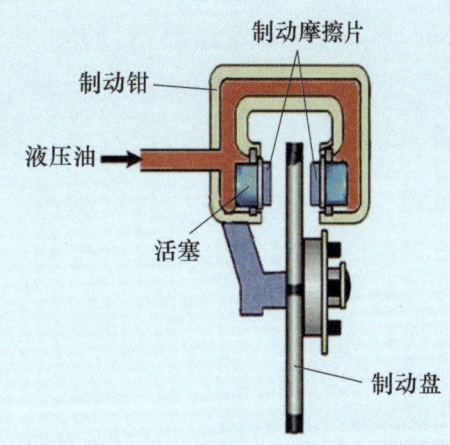

图 10-2 盘式制动器组成及工作原理

4. 盘式制动器的分类

一般分为两种，一种为固定钳盘式，一种为浮动钳盘式。

固定钳盘式的卡钳跨置在制动盘上，制动钳体固定安装在转向节或车桥上，它不能旋转也不能沿制动盘轴线方向移动，在制动盘的两侧分布有相同数量的活塞。制动时，制动液由制动总泵（制动主缸）经进油口进入钳体中两个相通的液压腔中，将两侧的摩擦块压向与车轮固定连接的制动盘，从而产生制动。

浮动钳盘式的制动钳体通过导向销与转向节或车桥相连，可以相对于制动盘轴向移动。制动钳体仅仅在制动盘的内侧设置油缸。液压压力推着活塞和摩擦块接近制动盘，也在相反方向推动活塞壳体来促使外部摩擦块接近制动盘。

现代汽车上最常见的盘式制动器为单活塞浮动钳盘式制动器。

5. 盘式制动器的检修

制动器最常见的维修是更换衬块。通常，盘式制动器衬块上会带有一个称作"磨损指示器"的金属片，如图 10-3 所示。

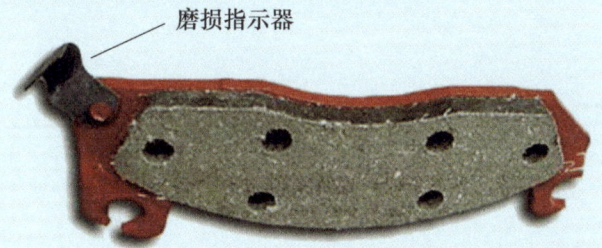

图 10-3 盘式制动器衬块

当摩擦材料磨损完之后，磨损指示器将与盘片接触并发出啸声。这就意味着需要更换新的衬块了。卡钳中还带有一个检查孔，以便察看制动衬块上还剩下多少摩擦材料。

如果磨损完的制动衬块留在汽车上的时间太长，制动盘中会磨出很深的划痕。制动盘也会变形，失去平整度。如果发生这种情况，停车时制动器可能会抖动或振动。有时，通过重新打磨（也称作加工或机加工）制动盘可以修复这两个故障。从制动盘的两侧磨掉一些材料，可以恢复平整、光滑的表面。

但事实上，对制动盘进行不必要的重新打磨会缩短其寿命。因此，所有制动盘都有一个允许的最小厚度的规范，在达到最小厚度之后需要更换制动盘。每辆车的使用手册中都会提供这一规范。

制动器相关新技术

碳纤维制动盘（图 10-4）在赛车上广泛应用，陶瓷制动盘则因为重量轻、制动效能高、耐高温、高硬度等特点，被高档轿车广泛采用。其制动过程中，在制动最初阶段就立刻能产生最大的制动力，因此甚至无须制动辅助系统，且整体制动比传统制动系统更快、距离更短，陶瓷制动盘有非凡的耐用性，如果正常使用可以做到终生免更换。

图 10-4　碳纤维制动盘

"盘式制动器检查与维护"操作工单

学校 _____ 姓名 _____ 学号 _____

车辆信息					
品牌		整车型号		生产年月	
发动机型号		发动机排量		行驶里程	
车辆识别码					

测量数据记录			
左前制动片□ 右前制动片□ 左后制动片□ 右后制动片□			
测量项目	实测值	标准数据	判定
外制动片衬片厚度			正常□ 异常□
内制动片衬片厚度			正常□ 异常□
制动盘厚度			正常□ 异常□
制动盘厚度偏差			正常□ 异常□
制动盘跳动量			正常□ 异常□

操作时间分配			
序号	维修工序描述	备注信息	工序编号任务周期时间 /s
	准备工作		
1	拆卸盘式制动器	单侧	330
2	清洁、检查盘式制动器部件	单侧	100
3	测量制动盘、制动摩擦片	单侧	1100
4	装复检验盘式制动器	单侧	710
	结束工作		
	总时间		2240

盘式制动器检查与维护（上）

盘式制动器检查与维护（下）

工单活页
10-02-02 汽车底盘常见项目检查与维护

操作步骤及作业要点

标识符号					
✚	▲	◼	★	⭕	！
安全	关键步骤	固定操作流程	质量检查	固定操作顺序	环境相关

标识符	序号	任务	步骤名称	标准工时/s	技术要点	潜在失效模式	完成与否
		准备工作	拆卸车轮		参考：车轮拆卸技能内容		
▲	1	拆卸盘式制动器	转动制动盘至极限位置	20	用手转动制动盘非工作面，转向利于工作侧	造成拆装不便	
◼	2		拆卸制动卡钳导销螺栓	40	多次均匀拆卸	造成螺栓损坏	
▲	3		分离制动盘和摩擦片	30	用一字螺钉旋具分两处均匀操作，操作点应在制动摩擦片两端（金属部位）	造成制动盘受损	
◼	4		取下制动钳壳体	30	挂在下摆臂上	造成制动管路损坏	
◼	5		取下制动摩擦片	30	倒放在零件车上，不得用手接触摩擦片工作面	造成制动片损坏	
▲	6		松开、取下制动盘车轮轴承/轮毂螺栓	40	一字螺钉旋具卡住制动钳托架	造成螺栓损坏	
◼	7		拆卸制动钳托架螺栓	40	预松后分两次拆卸	造成螺栓损坏	
◼	8		取下制动钳托架	30	不能与制动盘发生碰撞	造成制动盘损坏	

图解说明

❶ _____

❷ _____

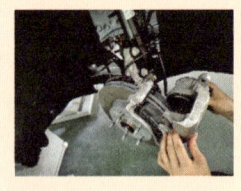
❸ _____

❹ _____

❺ _____

❻ _____

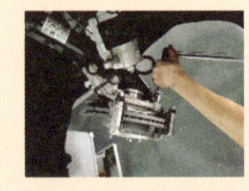
❼ _____

❽ _____

项目四 制动系统部件检查与维护

（续）

标识符	序号	任务	步骤名称	标准工时/s	技术要点	潜在失效模式	完成与否
■	9	拆卸盘式制动器	松开、取下制动盘螺栓（定位）	40	保护螺栓	造成螺栓损坏	
■	10		取下制动盘	30	用橡胶锤轻敲预松	造成制动盘损坏	
▲	11	清洁、检查盘式制动器部件	清洁、检查制动盘及制动摩擦片	100	用砂纸打磨清洁	造成制动盘、摩擦片、测量工具损坏	
▲★	12	测量制动盘、制动摩擦片	测量制动盘厚度	600	千分尺使用正确	造成制动盘、摩擦片、测量工具损坏	
					测量三个点位的值，取平均值		
▲★	13		测量制动摩擦片厚度	500	游标卡尺使用正确	造成制动盘、摩擦片、测量工具损坏	
					测量不包括底板在内的摩擦材料厚度		
▲	14	装复检验盘式制动器	安装、拧紧制动盘螺栓（定位）	40	保护螺栓	造成制动盘、螺栓损坏	
					力矩 9N·m		
■○	15		安装制动钳托架，预紧螺栓	70	用 18mm 套筒预紧		
■○	16		拧紧制动钳托架紧固螺栓	70	前轮 150N·m+45°~60°		
					后轮 100N·m+60°~75°		

思政

武汉元丰汽车零部件有限公司是国内较早从事气盘式制动器产品技术开发、生产及服务的专业化公司，其拥有自主知识产权，为客车、轻、中、重型货车批量配套气压盘式制动器的厂家。

图解说明

⑨

⑩

⑪

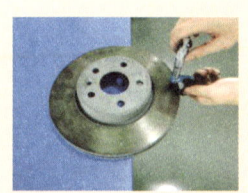
⑫

⑬

⑭

⑮

⑯

(续)

标识符	序号	任务	步骤名称	标准工时/s	技术要点	潜在失效模式	完成与否
■ ○	17	装复检验盘式制动器	安装制动盘，拧紧车轮轴承/轮毂螺栓	170	用一字螺钉旋具卡住 前轮 90N·m + 60°~75° 后轮 50N·m + 30°~45°	造成制动盘、螺栓损坏	
▲ ★	18		检查制动盘圆跳动	200	固定磁性表座	造成磁性表座损坏	
■	19		安装制动摩擦片	60	带撑开弹簧的内侧摩擦片安装在活塞侧；外侧摩擦片放于制动底板上	造成制动盘、摩擦片损坏	
■	20		安装制动钳导销螺栓	100	力矩 36N·m	造成螺栓损坏	
		结束工作	装复车轮		参考：车轮装复		

图解说明

 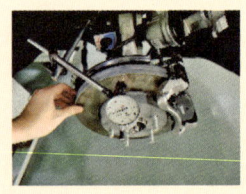 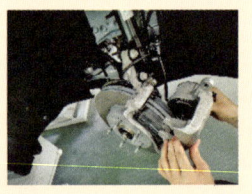 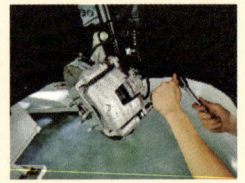

❶ 17　　❷ 18　　❸ 19　　❹ 20

姓名：　　　　　准考证号：　　　　　身份证号码：

考试开始时间：　　　　　考试结束时间：　　　　　总计（分）：

考核任务十：盘式制动器检查与维护【考核评分表】

＋	▲	▪	★	○	！	🔧	
安全	关键步骤	固定操作流程	质量检查	固定操作顺序	环境相关	职业素养	
评分项		评分标准				配分	扣分
情意面（规范作业）（职业精神）	＋ ▲ ▪ 🔧 ！ 🔧	□ 1. 规范作业： 　□ 1.1 检查作业所需工具设备是否完备（1分） 　□ 1.2 检查作业环境是否配备灭火器（1分） 　□ 1.3 检查举升机举升情况是否正常（1分） 　□ 1.4 正确安装车辆翼子板布（1分） 　□ 1.5 正确安装车内四件套（1分） 　□ 1.6 正确安装车轮挡块（1分） 　□ 1.7 使用工具前对工具量具进行校准（1分） 　□ 1.8 使用工具后对工具量具进行清洁（1分） 　□ 1.9 作业完成后对工具进行复位（1分） 　□ 1.10 作业过程做到油液不落地（1分） 　□ 1.11 作业过程做到水液不落地（1分） 　□ 1.12 作业过程做到工具不落地（1分） □ 2. 职业精神： 　□ 2.1 作业过程服装到位（2分） 　□ 2.2 作业过程严谨操作（2分） 　□ 2.3 作业过程认真负责（2分） 　□ 2.4 作业过程守法遵规（2分）					20	
技能面（应用技能）（操作技能）	▲ ▪ ▲ ▪ ▪ ▲ ▪ ▪ ▪	□ 1. 转动制动盘至极限位置： 　□ 1.1 用手转动制动盘非工作面（1分） 　□ 1.2 转向有利于工作一侧（1分） □ 2. 拆卸制动卡钳导销螺栓：多次均匀拆卸（2分） □ 3. 分离制动盘和摩擦片： 　□ 3.1 用一字螺钉旋具分两次均匀操作（2分） 　□ 3.2 操作点应在制动摩擦片两端（2分） □ 4. 取下制动钳壳体：挂在下摆臂上（1分） □ 5. 取下制动摩擦片： 　□ 5.1 倒放在零件车上（1分） 　□ 5.2 不得用手接触摩擦片工作面（1分） □ 6. 松开、取下制动盘车轮轴承/轮毂螺栓（3分） □ 7. 拆卸制动钳托架螺栓：预松后分两次拆卸（2分） □ 8. 取下制动钳托架：不能与制动盘发生碰撞（1分） □ 9. 松开、取下制动盘螺栓（定位）（2分）					50	

（续）

评分项		评分标准	配分	扣分
技能面 （应用技能） （操作技能）	■▲	□ 10. 取下制动盘：用橡胶锤轻敲预松（1分） □ 11. 清洁检查制动盘以及制动摩擦片：用砂纸打磨清洁（2分）	50	
	▲★	□ 12. 测量制动盘厚度： 　□ 12.1 千分尺使用正确（2分） 　□ 12.2 测量三个点位的值，取平均值（3分）		
	▲★	□ 13. 测量制动摩擦片厚度： 　□ 13.1 游标卡尺使用正确（2分） 　□ 13.2 不包括底板在内的摩擦材料厚度（3分）		
	▲	□ 14. 安装制动盘，拧紧制动盘螺栓（定位），力矩 9N·m（2分）		
	■○	□ 15. 安装制动钳托架，预紧螺栓：用18mm套筒预紧（1分）		
	■○	□ 16. 拧紧制动钳托架紧固螺栓： 　前轮 150N·m+45°~60°（2分） 　后轮 100N·m+60°~75°（2分）		
	■○	□ 17. 安装制动盘，拧紧车轮轴承/轮毂螺栓 　前轮 90N·m+60°~75°（2分） 　后轮 50N·m+30°~45°（2分）		
	▲★	□ 18. 检查制动盘圆跳动（3分）		
	■	□ 19. 安装制动摩擦片：带撑开弹簧的内侧摩擦片安装在活塞侧；外侧摩擦片放于制动底板上（2分）		
	■	□ 20. 安装制动钳导销螺栓：力矩36N·m（2分）		
信息面 （信息录入） （资料应用） （资讯检索）	🔧	□ 1. 能正确使用维修手册查询资料： 　□ 1.1 查询外制动片衬片厚度规格（2分） 　□ 1.2 查询内制动片衬片厚度规格（2分） 　□ 1.3 查询制动盘厚度规格（2分）	10	
	🔧	□ 2. 能在规定时间内查询所需资料（1分）		
	🔧	□ 3. 能正确记录所查资料章节页码（1分）		
	🔧	□ 4. 能正确记录所需维修信息（2分）		
工具及设备使用 （工具使用） （设备使用） （软件使用）	🔧	□ 1. 能正确选用维修工具（2分）	10	
	🔧	□ 2. 能正确使用游标卡尺（2分）		
	🔧	□ 3. 能正确使用外径千分尺（2分）		
	🔧	□ 4. 能正确使用百分表（2分）		
	🔧	□ 5. 能正确使用举升机（2分）		
诊断面 （诊断分析） （检测分析） （调校分析）	🔧	□ 1. 能判断外制动片衬片情况（2分）	10	
	🔧	□ 2. 能判断内制动片衬片情况（2分）		
	🔧	□ 3. 能判断制动盘厚度情况（2分）		
	🔧	□ 4. 能判断制动盘厚度偏差情况（2分）		
	🔧	□ 5. 能判断制动盘跳动度情况（2分）		
总计			100	

评分员：_____

项目四

制动系统部件检查与维护

任务十一　制动油液检查与更换

任务情境

车主描述

通用别克威朗 2015 款 15S 自动进取型轿车，行驶里程已超过 80000km，最近突然发现制动效果明显下降，到路边汽修店临时检查后被告知制动液浑浊，且超出规定使用年限，存在制动液已经失效的可能。车主要求 4S 店检查并更换制动液，恢复车辆制动性能。

任务描述

根据车主提供的信息，首先解决车辆制动问题。因为制动液油质浑浊，并已使用四年，且未更换过制动液。通过分析，知道制动液具有很强的吸水性，超期使用的制动液有可能因为内含的水分遇热蒸发形成气泡导致制动失效。因此，要解决这个问题，首先需要检查制动系统管路，确认无泄漏后，检查并更换制动液。

学习任务

序号	任务名称	任务类型
1	安装制动液更换装置	装配
2	依次更换各油路制动液	维护、检查

知识活页 11-01-02 汽车底盘常见项目检查与维护

学习目标

1. 安装制动液更换装置。
2. 知道制动液更换的流程。
3. 正确依次更换各油路制动液。
4. 正确做好制动系统复位。
5. 正确认识制动器检查维护对安全驾驶的重要意义，体现严谨、负责、遵规、守法的职业精神。

信息搜集

理论必知

1. 制动系统工作原理

现代汽车普遍采用液压制动系统，即依靠制动液传递制动力，使车辆实现制动。制动液充满于储液罐和制动管路中，当脚踏制动踏板时，作用力通过制动推杆推动主缸活塞运动，如图11-1所示。

通过制动液把作用力传递给轮缸活塞，推动制动蹄或制动盘动作，从而实现车辆制动。

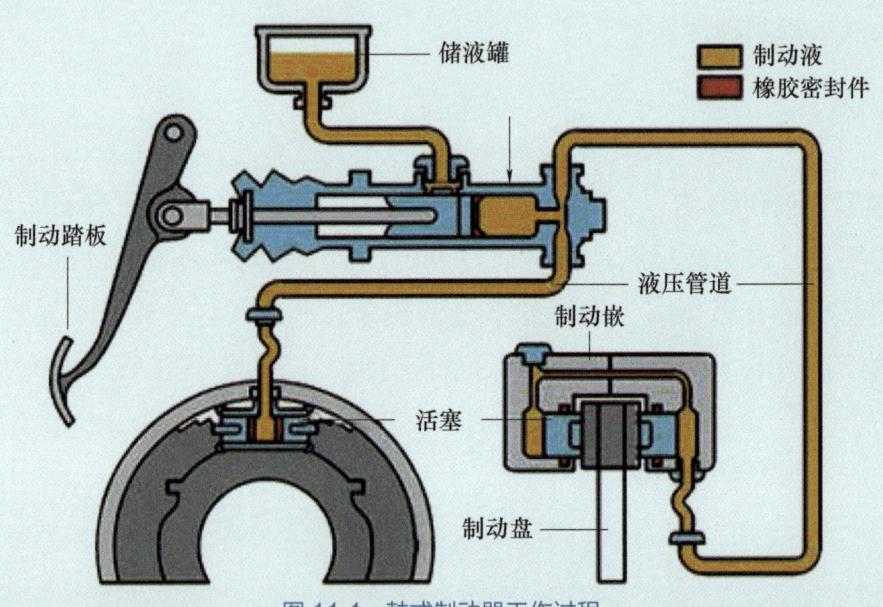

图 11-1 鼓式制动器工作过程

2. 制动液类型

制动液俗称刹车油，是在汽车液压制动系统中传递压力，使车轮制动器实现制动作用的一种功能性液体，如图 11-2 所示。

目前常用的合成型制动液是以聚醚、水溶性聚酯和硅油等为主体，并加入润滑剂和添加剂。合成型制动液又分为醇醚型、酯型和硅油型三大类型，但使用最多的是醇醚型和酯型。

（1）醇醚型　常见于 DOT3。醇醚型的化学成分为低聚乙二醇或丙二醇。低聚乙二醇或丙二醇具有较强的亲水性，所以在使用或储存的过程中其含水量会逐渐增高。由于制动液的沸点会随着水分含量的增高而降低，所以其制动性能会随之下降。当你发现需要用力踩制动踏板才能制动时，一个很可能的原因就是制动液的水分含量过高。制动液一般每两年一换。

图 11-2　制动液

（2）酯型　常见于 DOT4。酯型则是在醇醚型的基础上添加大量的硼酸酯。硼酸酯是由低聚乙二醇或丙二醇通过和硼酸的酯化反应而成。硼酸酯的沸点比低聚乙二醇或丙二醇更高，所以其制动性能更好。硼酸酯还具有较强的抗湿能力，它能分解所吸收的水分，从而减缓了由于吸水而导致的沸点下降。所以酯型性能比醇醚型更好，价格也更高。

（3）硅油型　常见于 DOT5。硅油型的化学成分为聚二甲基硅氧烷。它的沸点在这三类中是最高的，所以价格也最贵。由于聚二甲基硅氧烷具有很强的疏水性，它几乎完全不吸水。然而，正由于它对水分极强的排斥能力，进入其管道内的水分不能与其混溶，而以水相存在。因为相对于制动液而言，水的沸点极低，所以这不混溶的水分会导致制动性能的急剧下降。因此，硅油型的应用范围较窄。

3. 制动液的性能指标

由于制动液的性能优劣直接关系制动的可靠程度，因此制动液的选购事关乘车人生命安全，绝不可掉以轻心。

我国现行的制动液标准 GB 12981—2012《机动车辆制动液》为强制性标准，共有 15 项技术指标要求，分别是外观、平衡回流沸点、湿平衡回流沸点、运动黏度（100℃、-40℃）、pH、液体稳定性、腐蚀性、低温流动性和外观、蒸发性能、溶水性、液体相容性、抗氧化性、橡胶相容性、行程模拟性能和防锈性能。

合格达标的制动液有几个特性：

1）在高温、严寒、高速、湿热等工况条件下都能保证灵活传递制动力。

2）对制动系统的金属和非金属材料没有腐蚀性。

3）能够有效润滑制动系统的运动部件，延长制动分泵和皮碗的使用寿命。

对制动液的性能要求是：

1）黏温性好，凝固点低，低温流动性好。

2）沸点高，高温下不产生气阻。

3）使用过程中品质变化小，并不引起金属件和橡胶件的腐蚀和变质。

 新知拓展

1. 循迹控制系统

循迹控制系统也称牵引力控制系统，英文全称：Traction Control System（简称：TCS），如图11-3所示，是根据驱动轮的转数及传动轮的转数来判定驱动轮是否发生打滑现象，当前者大于后者时，抑制驱动轮转速的一种防滑控制系统。它与ABS作用模式十分相似，两者都使用传感器及制动调节器。当TCS感应到车轮打滑的时候，首先会经过发动机控制电脑改变发动机点火的时间，减低发动机扭力输出或是在该轮上施加制动以防该轮打滑，如果在打滑很严重的情况下，就再控制发动机供油系统。TCS在运用的时候，变速器会维持较高的档位，在节气门开度大的时候，会避免突然下档以防打滑得更厉害。TCS最大的特点是使用现有ABS系统的电脑、速度传感器和控制发动机与变速器的电脑，即使换上了备胎，TCS也可以准确地应用。

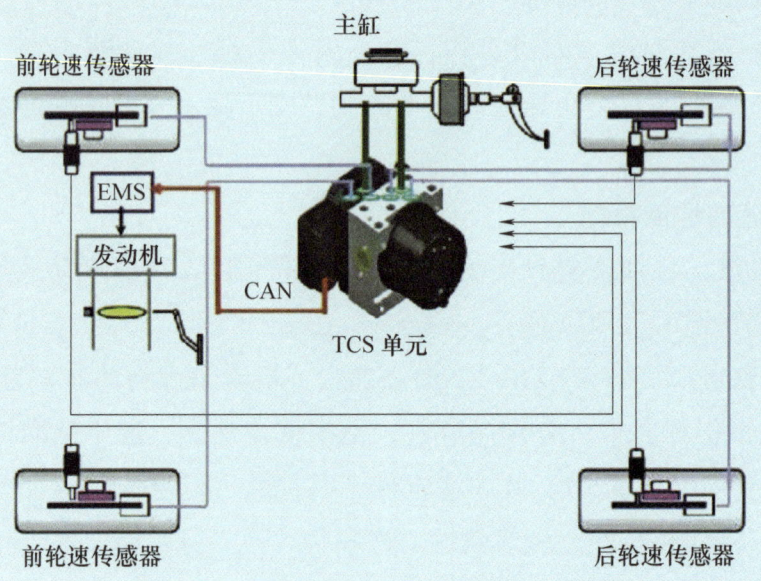

图11-3　牵引力控制系统（TCS）工作原理

2. 智能制动辅助系统

智能制动辅助系统（图11-4），英文全称：Intelligent Brake Assist（简称：IBA）。IBA通过雷达系统来判断与前车的距离、方位及相对速度，如果侦测到驾驶人应当采取措施来避免潜在的直接后部碰撞时，会点亮警告灯并伴有报警音以

对驾驶人进行提醒。此外，如果系统判断在驾驶人采取措施后碰撞仍无法避免，则会施加制动以降低车辆速度，帮助减小与缓和碰撞伤害。

图 11-4　智能制动辅助系统

知识活页 11-01-06　汽车底盘常见项目检查与维护

项目四 制动系统部件检查与维护

工单活页 11-02-01

"制动油液检查与更换"操作工单

学校 _____ 姓名 _____ 学号 _____

制动油液检查与更换

车辆信息					
品牌		整车型号		生产年月	
发动机型号		发动机排量		行驶里程	
车辆识别码					

更换数据记录			
更换对应位置	完成情况记录	更换对应位置	完成情况记录
右后制动油路	已完成□	左后制动油路	已完成□
右前制动油路	已完成□	左前制动油路	已完成□

操作时间分配			
序号	维修工序描述	备注信息	工序编号任务周期时间/s
	准备工作		
1	制动液更换准备		230
2	右后制动油路油液更换	注意更换顺序	260
3	左后制动油路油液更换		260
4	右前制动油路油液更换		260
5	左前制动油路油液更换		260
6	复位制动系统		180
	结束工作		
	总时间		1450

工单活页 11-02-02 汽车底盘常见项目检查与维护

> **思政**
>
> 为同汽车工业的发展相适应，我国早在1989年就根据国情，把合成制动液分为五级。其中JG3、JG4、JG5分别对应美国联邦机动车安全委员会制定的DOT3、DOT4、DOT5级别。

操作步骤及作业要点

标识符号

✚	▲	◼	★	◯	！
安全	关键步骤	固定操作流程	质量检查	固定操作顺序	环境相关

标识符	序号	任务	步骤名称	标准工时/s	技术要点	潜在失效模式	完成与否
		准备工作	拆卸刮水器和前风窗玻璃下饰板		参考：刮水器和前风窗玻璃下饰板拆卸技能内容		
✚▲	1	制动液更换准备	向加注罐内加入制动液	60	制动液型号DOT4	制动液不匹配，制动不良	
▲	2		拧开制动储液罐盖	30	储液罐盖子倒放	造成拆装不当	
◼	3		安装制动液加注罐	30	关闭制动液加注阀	油液渗漏	
◼	4		打开制动液加注阀	30	打开方向正确	阀门损坏	
✚	5		举升车辆	80	高度一人高，确认锁止	人员伤亡	

图解说明

❶ _____

❷ _____

❸ _____

❹ _____

❺ _____

项目四　制动系统部件检查与维护

（续）

标识符	序号	任务	步骤名称	标准工时/s	技术要点	潜在失效模式	完成与否
■	6	右后制动油路油液更换	打开制动钳放气阀防尘套，松开制动钳放气阀	60	保护零件	防尘套损坏	
					保护螺纹	螺纹滑牙	
■	7		连接制动回收装置	20	确保连接到位	油液泄漏	
▲	8		踩压制动踏板，更换制动液	120	排出的油液清澈且无气泡	制动不良	
✛	9		拧紧制动钳放气阀，装配制动钳放气阀防尘套	60	力矩10N·m	螺纹滑牙防尘套损坏	
					保护螺纹		
					保护零件		
■	10	左后制动油路油液更换	打开制动钳放气阀防尘套，松开制动钳放气阀	60	保护零件	防尘套损坏	
					保护螺纹	螺纹滑牙	
■	11		连接制动回收装置	20	确保连接到位	油液泄漏	
▲	12		踩压制动踏板，更换制动液	120	排出的油液清澈且无气泡	制动不良	
✛	13		拧紧制动钳放气阀，装配制动钳放气阀防尘套	60	力矩10N·m	螺纹滑牙防尘套损坏	
					保护螺纹		
					保护零件		

图解说明

❻

❼

❽

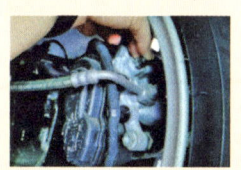
❾

❿

⓫

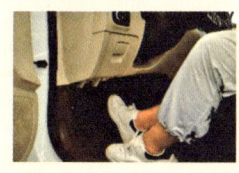
⓬

⓭

工单活页 11-02-04 汽车底盘常见项目检查与维护

(续)

标识符	序号	任务	步骤名称	标准工时/s	技术要点	潜在失效模式	完成与否
▫	14	右前制动油路油液更换	打开制动钳放气阀防尘套,松开制动钳放气阀	60	保护零件	防尘套损坏	
					保护螺纹	螺纹滑牙	
▫	15		连接制动回收装置	20	确保连接到位	油液泄漏	
▲	16		踩压制动踏板,更换制动液	120	排出的油液清澈且无气泡	制动不良	
✚	17		拧紧制动钳放气阀,装配制动钳放气阀防尘套	60	力矩 10N·m	螺纹滑牙 防尘套损坏	
					保护螺纹		
					保护零件		
▫	18	左前制动油路油液更换	打开制动钳放气阀防尘套,松开制动钳放气阀	60	保护零件	防尘套损坏 螺纹滑牙	
					保护螺纹		
▫	19		连接制动回收装置	20	确保连接到位	油液泄漏	
▲	20		踩压制动踏板,更换制动液	120	排出的油液清澈且无气泡	制动不良	
✚	21		拧紧制动钳放气阀,装配制动钳放气阀防尘套	60	力矩 10N·m	螺纹滑牙 防尘套损坏	
					保护螺纹		
					保护零件		
★	22	复位制动系统	检查制动液更换情况	180	检查制动效果	制动不良	

图解说明

❶

❺

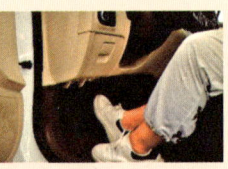
❻

❼

❽

❾

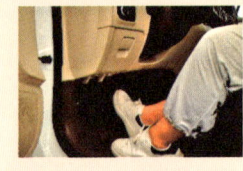
⓴

㉑

㉒

姓名：　　　　　　准考证号：　　　　　　身份证号码：

考试开始时间：　　　　　考试结束时间：　　　　　总计（分）：

考核任务十一：制动油液检查与更换【考核评分表】

✚	▲	◻	★	○	！	🔧
安全	关键步骤	固定操作流程	质量检查	固定操作顺序	环境相关	职业素养

评分项			评分标准	配分	扣分
情意面 （规范作业） （职业精神）	✚ ▲ ◻ ！🔧 🔧		☐ 1. 规范作业： 　　☐ 1.1 检查作业所需要工具设备是否完备（1分） 　　☐ 1.2 检查作业环境是否配备灭火器（1分） 　　☐ 1.3 检查举升机举升情况是否正常（1分） 　　☐ 1.4 正确安装车辆翼子板布（1分） 　　☐ 1.5 正确安装车内四件套（1分） 　　☐ 1.6 正确安装车轮挡块（1分） 　　☐ 1.7 使用工具前对工具量具进行校准（1分） 　　☐ 1.8 使用工具后对工具量具进行清洁（1分） 　　☐ 1.9 作业完成后对工具进行复位（1分） 　　☐ 1.10 作业过程做到油液不落地（1分） 　　☐ 1.11 作业过程做到水液不落地（1分） 　　☐ 1.12 作业过程做到工具不落地（1分） ☐ 2. 职业精神： 　　☐ 2.1 作业过程服装到位（2分） 　　☐ 2.2 作业过程严谨操作（2分） 　　☐ 2.3 作业过程认真负责（2分） 　　☐ 2.4 作业过程守法遵规（2分）	20	
技能面 （应用技能） （操作技能）	✚▲ ▲ ◻ ◻ ✚ ◻ ◻ ▲ ✚		☐ 1. 向加注罐内加入制动液：制动液型号 DOT4（2分） ☐ 2. 拧开制动储液罐盖：储液罐盖子倒放（1分） ☐ 3. 安装制动液加注罐：关闭制动液加注阀（2分） ☐ 4. 打开制动液加注阀：打开方向正确（1分） ☐ 5. 举升车辆：高度一人高，确认锁止（2分） 右后制动油路油液更换： ☐ 6. 打开制动钳放气阀防尘套： 　　松开制动钳放气阀（2分） ☐ 7. 连接制动回收装置（2分） ☐ 8. 踩压制动踏板，更换制动液（3分） ☐ 9. 拧紧制动钳放气阀，装配制动钳放气阀防尘套： 　　力矩 10N·m（3分）	50	

(续)

评分项		评分标准	配分	扣分
技能面 （应用技能） （操作技能）	■ ■ ▲ ✚ ■ ■ ▲ ✚ ■ ■ ▲ ✚ ★	左后制动油路油液更换： □10. 打开制动钳放气阀防尘套： 　　松开制动钳放气阀（2分） □11. 连接制动回收装置（2分） □12. 踩压制动踏板，更换制动液（3分） □13. 拧紧制动钳放气阀，装配制动钳放气阀防尘套： 　　力矩10N·m（3分） 右前制动油路油液更换： □14. 打开制动钳放气阀防尘套： 　　松开制动钳放气阀（2分） □15. 连接制动回收装置（2分） □16. 踩压制动踏板，更换制动液（3分） □17. 拧紧制动钳放气阀，装配制动钳放气阀防尘套： 　　力矩10N·m（3分） 左前制动油路油液更换： □18. 打开制动钳放气阀防尘套： 　　松开制动钳放气阀（2分） □19. 连接制动回收装置（2分） □20. 踩压制动踏板，更换制动液（3分） □21. 拧紧制动钳放气阀，装配制动钳放气阀防尘套： 　　力矩10N·m（3分） □22. 检查制动液更换情况（2分）	50	
信息面 （信息录入） （资料应用） （资讯检索）	🔧 🔧 🔧 🔧	□1. 能正确使用维修手册查询资料： 　□1.1 查询外制动液型号（2分） 　□1.2 查询内制动液加注顺序（2分） 　□1.3 查询制动性能检验方法（2分） □2. 能在规定时间内查询所需资料（1分） □3. 能正确记录所查询资料章节页码（1分） □4. 能正确记录所需维修信息（2分）	10	
工具及设备使用 （工具使用） （设备使用） （软件使用）	🔧 🔧 🔧 🔧 🔧	□1. 能正确选用拆装工具（2分） □2. 能正确使用制动液加注罐子（2分） □3. 能正确使用制动液回收装置（2分） □4. 能正确确认更换完成（2分） □5. 能正确检查制动性能（2分）	10	
诊断面 （诊断分析） （检测分析） （调校分析）	🔧 🔧 🔧 🔧 🔧	□1. 能判断右后制动油路油液更换完成（2分） □2. 能判断左后制动油路油液更换完成（2分） □3. 能判断右前制动油路油液更换完成（2分） □4. 能判断左前制动油路油液更换完成（2分） □5. 能判断车辆制动性能（2分）	10	
总计			100	

评分员：_____

参 考 文 献

[1] 杜瑞丰，李忠凯.汽车底盘构造与维修[M].2版.北京：高等教育出版社，2007.
[2] 赵新民.汽车构造[M].北京：人民交通出版社，2001.
[3] 北京中车行高新技术有限公司.汽车专业领域职业技能等级证书汽车运用与维修职业技能考核培训方案准则[M].北京：高等教育出版社，2019.